John Gabriel Stedman

Nachrichten von Suriname, dem letzten Aufruhr der dortigen

Negersclaven

und ihrer Bezwingung in den Jahren 1772 bis 1777

John Gabriel Stedman

Nachrichten von Suriname, dem letzten Aufruhr der dortigen Negersclaven
und ihrer Bezwingung in den Jahren 1772 bis 1777

ISBN/EAN: 9783743685475

Hergestellt in Europa, USA, Kanada, Australien, Japan

Cover: Foto ©ninafisch / pixelio.de

Weitere Bücher finden Sie auf **www.hansebooks.com**

Stedmans
Nachrichten von Suriname,

dem

letzten Aufruhr

der

dortigen Negersclaven

und ihrer Bezwingung

in den

Jahren 1772. bis 1777.

Auszugsweise übersetzt
von
M. C. Sprengel.

Zweyter Theil.

Halle,
in der Rengerschen Buchhandlung.
1797.

Erstes Kapitel.

Die Regenzeit rückte nunmehr wieder heran, und der Oberste Fourgeoud bereitete sich mit einer Auswahl der noch übrigen gesunden Mannschaft, in allem etwa hundert und achtzig Mann, zu einem allgemeinen Angrif der Rebellen. Barbacuba am Cotticafluß war zum Versammlungsort bestimmt, und dahin brach er den 3ten July 1775 auf. Mir ward gleichfalls befohlen, mich marschfertig zu halten, aber auf die Erklärung des Wundarztes, daß ich Gefahr liefe, mein noch nicht geheiltes Bein in den Wäldern einzubüßen, erhielt ich die Erlaubniß, in Magdeburg zu bleiben, unter der Bedingung, dem Corps gleich nach meiner Genesung zu folgen. Mein Bein war in der That so angeschwollen, und die Wunde so schwarz und brandig, daß der Wundarzt befürchtete, er würde das Glied ablösen müssen.

So lange ich an diesem Schaden darnieder lag, erhielt ich täglich Geschenke von Philander und den andern Sclaven, die ich jederzeit menschlich behandelt hatte. Eines dieser Geschenke war ein Gericht Kohl von der Bergpalme, den die beste Gattung dieses Gewächses hervorbringt. Dieser Baum wächst beynahe funfzig Fuß hoch, der Stamm ist dunkelbraun, hart, in kurze Gelenke abgesetzt, und inwendig markig, wie der Hollunder. Der Baum ist von verhältnißmäßiger Dicke, gerade, und wird nach oben zu allmählig dünner, wie der Mast eines Schiffes. Hier ist auch der Stamm grün von den Hülsen oder Scheiden, welche die Zweige umschließen, die sich oben nach allen Seiten, wie die Krone einer Ananas, ausbreiten. Die Zweige oder Aeste sind an beyden Seiten mit starken, dunkelgrünen, Federförmigen, etwa drey Fuß langen Blättern besetzt, die unordentlich unter einander stehen, nur weniger zierlich und schön, wie bey der Manicole und Cocospalme, herabhängen. Der Saamen ist in einer braunen Hülse eingeschlossen, die mitten aus den Zweigen hervorwächst, und besteht aus kleinen rundlichten Nüssen, welche gleich länglichten Trauben herabhängen. Will man den Kohl genießen, so muß man den Baum fällen, die Zweige abhauen, nachher die grünen hülsichten Scheiden oder Decken, in denen die Zweige stecken, abstreifen, und dann hohlt man

den

den Kern oder Kohl heraus, der weiß, zwey bis drey Fuß lang, und dick wie ein Mannsarm ist. Er hat völlig das Ansehen eines glattpolirten elfenbeinernen Cylinders, und besteht aus zarten, länglichtweissen Streifen oder runden Blättern, die sich in der Folge als die oben erwähnten grünen Hülsen entwickeln, in ihrem gewöhnlichen Zustande aber so dicht an einander schließen, daß sie eine feste Masse ausmachen. Genießt man diese roh, so hat sie viel Aehnlichkeit mit Mandelkernen, ist aber zarter und delikater von Geschmack. In Stücken geschnitten und gekocht schmeckt sie wie Blumenkohl, und wenn man sie in Blätter zerlegt, giebt sie einen vortreflichen Salat ab. In jeder Gestalt genossen aber ist dieser Kohl in Menge ungesund, und verursacht leicht Diarrhöen. In der Höhlung, in welcher das Herz oder der Kern gesessen hat, legt ein schwarzer Käfer seine Eyer, und aus diesen entstehen die Palmwürmer, welche sich von der übrigen zarten Substanz nähren, wenn sie anfängt in Fäulniß überzugehen, wodurch sie so groß und fett werden, wie ich sie oben beschrieben habe. Diejenigen, welche man auf dieser Gattung Bäume findet, sind die besten in ihrer Art.

Ich habe vorhin erwähnt, daß alle Officiere und Gemeine, die auf dem Posten Esperance gewesen waren, entweder starben oder tödtlich krank fortge=

gebracht werden musten; ich allein war bis jetzt der Ansteckung entgangen, jetzt aber traf mich auch die Reihe, den 9ten ward ich ebenfalls vom hitzigen Fieber befallen, welches die übrigen weggerafft hatte.

Den 14ten muste ich das Commando an einem andern Officier übertragen, und machte mich auf den Weg nach Paramaribo. Ich kam aber nur nach Gut Akkord, und hier blieb ich liegen, weil jedermann meinen Tod erwartete. Ein altes Weib fand indeß Mittel, mir eine Mixtur von Buttermilch, gekochter Gerste und Syrup beyzubringen, welches die erste Speise war, die ich seit meiner Krankheit hinunterbrachte, und dies that mir sehr große Dienste, denn am folgenden Tage befand ich mich so viel besser, daß ich weiter gebracht werden konnte.

Gegen Abend, den 16ten, kam ich in Falkenberg an, wo ich ein Paket von sechs bis acht Briefen meiner Freunde, nebst allerley Geschenken an Lebensmitteln und Getränken vorfand. Vorzüglich erfreute mich ein vortreflicher Schinken und ein schöner Hühnerhund, die mir Makdonald, der englische Matrose, dem ich ehedem eine kleine Erquickung zukommen lassen, aus wahrer ächter Dankbarkeit aus Virginien mitgebracht hatte. Unter den Briefen interessirten mich zwey von Herrn Lude aus Amsterdam, und seinem Administrator, Herrn Graav in Paramaribo,

ribo, ganz besonders, die mir die erwünschte Nachricht brachten, daß die liebenswürdige Johanna und der kleine Knabe gegen eine Erkenntlichkeit von zweytausend holländischen Gulden zu meinem Befehl stünden; eine Summe, die ich aber leider ganz außer Stande war aufzutreiben, indem ich schon fünfzig Pfund schuldig war, die ich für Quacos Loskaufung gegeben hatte. Johanna war mir indessen unschätzbar, und obgleich man ihren Preis als den zwanzigsten Theil von dem Werth des ganzen Guths angeschlagen hatte, welches für vierzigtausend Gulden verkauft wurde, so glaubte ich sie doch nie zu theuer erkaufen zu können, wäre ich nur im Stande gewesen, die Summe zu bezahlen.

Anfänglich hatte die lang ersehnte Nachricht die allervortheilhafteste Wirkung auf meine Gesundheit, und ich fühlte mich gestärkt und erquickt durch die Hoffnung, meinen liebsten Wunsch erfüllt zu sehen. Johannens Verwandten überhäuften mich mit Liebkosungen und Beweisen ihrer grenzenlosen Achtung, und indem ich alle meine Geschenke, (den Schinken und den Hund des ehrlichen Matrosen ausgenommen), unter sie vertheilte, konnte ich nicht umhin, mit einem wehmüthigen Seufzer zu bedauren, daß ich nicht ihrer aller Freyheit erkaufen konnte. Ich war, ungeachtet meiner Schwäche, doch wieder so viel besser, daß ich meine Reise antreten konnte. Unter-

terweges aber ward ich so viel schlechter, daß
ich noch athmend den 19ten in Paramaribo an=
kam, nachdem ich die vorhergehende Nacht dem
Anschein nach ohne Leben auf dem Guthe Jalou=
sie zugebracht hatte.

Indessen erhohlte ich mich in einer bequemen
Wohnung im Hause des Herrn de la Mare, und
unter der sorgfältigen Pflege meiner Johanna so
geschwind, daß ich den 25sten schon ausgehen,
und bey Madame Godefroy zu Mittage essen
konnte; weil Herr Graav nicht in der Stadt
war, und ich also keine Maaßregeln zu Johan=
nens Freysprechung nehmen konnte. An der
gastfreyen Tafel meiner schäzbaren Freundin fand
ich immer alle gesunden und stärkenden Nahrungs=
mittel, die zur Wiederherstellung meiner verlohr=
nen Kräfte so wirksam waren, und hauptsächlich
frische Früchte und vortrefliche Weine. Unter
den kräftigsten Genesungsmitteln rechnet man
hier zu Lande alle drey Gattungen des hiesigen
Pfeffers, die man unter den Benennungen von
Cayenne, Pimento und Capsicum kennt, und den
Saft der Limonien. Alle oben erwähnten Gat=
tungen von Pfeffer wachsen auf niedrigen Ge=
sträuchen, haben die nemliche hitzige Beschaffen=
heit und sind reif von einer scharlachrothen oder
vielmehr Blutfarbe. Die Europäer pflegen hier
selten eine Speise ohne diese Würze zu genießen,
aber die Schwarzen und noch mehr die Indier
ver=

verschlucken den Pfeffer in übermäßiger Menge, theils aus Wohlgeschmack, theils als Heilmittel in beynahe allen Krankheiten.

Die Limonien wachsen auf schönen Bäumen, gleich den Bäumen der Citrone; aber das Blatt und die Frucht ist kleiner; die Limonien haben eine hellere gelbe Farbe, als die Citronen, eine feine, dünne Schaale, und sind voll des herrlichsten Saftes. Diese Frucht ist ein wahres Labsal für die armen, kranken Soldaten und Matrosen dieser Colonie, die sie überall umsonst haben können, wenn sie sich nur die Mühe geben wollen, sie aufzulesen. Es ist schade, daß diese Frucht den Transport nach Europa nicht vertragen kann. Dafür aber schickt man ganze Fässer voll von ihren Saft dorthin, auch werden diese Früchte häufig eingemacht, sowohl in Salz als Zucker.

Unter andern vortreflichen Früchten muß ich auch noch den Mammieapfel anführen. Dieser wächst auf einem großen Baum, wie der Orangenbaum, hat eine dunkelgraue Rinde, weislicht, grobes Holz, mit einem dicken, glatten dreyeckichten Blatte. Die Frucht ist beynahe rund, fünf bis sechs Zoll im Durchschnitt, und mit einer rauhen, groben Haut bedeckt. Das Fleisch hat die Farbe und Beschaffenheit einer Mohrrübe, und umschließt zwey große Steine mit bittern Kernen; die Frucht aber ist von vortreflichem

Ge-

Geschmack, süßsäuerlich und von dem herrlichsten Wohlgeruch.

Da ich mich nunmehr wieder in Paramaribo befinde, will ich dem Leser einige kurze Nachrichten von der Verfassung der Colonie mittheilen.

Ich habe schon gesagt, daß zwey Drittheile von Surinam der Stadt Amsterdam, und ein Drittheil der westindischen Compagnie gehören. Jetzt werde ich die verschiedenen Gerichtshöfe beschreiben.

Das vornehmste ist das Policey= und Criminalgericht, welches aus dreyzehn Mitgliedern besteht, die von den Einwohnern gewählt werden, und ihre Posten auf Lebenszeit verwalten. Die verschiedenen Mitglieder sind: der Gouverneur, welcher den Vorsitz hat; der Commandant; der Fiscal; der Stadtsekretair und neun Räthe. Diesem Gericht gehören alle Criminalfälle, und der Gouverneur hat das Recht, ein Todesurtheil aufzuschieben, und sogar einen Missethäter zu begnadigen.

Der zweyte Gerichtshof entscheidet in Civilsachen. Er besteht ebenfalls aus dreyzehn Mitgliedern, die aber blos von dem vorhergehenden Tribunal gewählt werden, und deren Gewalt nur vier Jahre dauert. Der Gouverneur präsidirt ebenfalls, die übrigen Glieder sind: der Fiscal, der Stadtsekretair und zehn Räthe. Sie ent=

entscheiden nicht allein die wichtigsten Civilprocesse, sondern auch kleine Streitigkeiten.

Hierauf folgt ein von beyden abhängiges Collegium, welches eilf Mitglieder hat, die von dem Gouverneur und dem Policengericht gewählt, und alle vier Jahre erneuert werden, den Stadtsekretair ausgenommen, der seinen Posten auf Lebenszeit behält. Man wählt die Mitglieder aus den ehemaligen Justizräthen, und diese sind: der Vicepräsident, der Stadtsekretair und neun Räthe.

Dieses Collegium hat die Aufsicht über die öffentlichen Gebäude, Straßen, Pomeranzenbäume, Canäle u. s. w. und entscheidet in allen Civilprocessen, wenn die Sache eine Summe unter 25 Guineen betrift; ist sie aber größer, so gehört sie unter das Civildepartement.

Außerdem ist hier ein besonderes Gericht für Concurs, Debit und Waisensachen. Dieses besteht aus dem Buchhalter, dem Commissar, dem Stadtsekretair, dem Schatzmeister, und einem vereidichten Sekretair.

Die Verwaltung der öffentlichen Einkünfte besorgen folgende Anstalten: Eine Administration der Ein- und Ausfuhrzölle, eine andre für die Accise und kleinern Ausgaben, für die Hebung der Kopfsteuer, den Ertrag der Auctionen und die Wiedereinbringung flüchtiger Negersclaven.

Außer

Außer diesen giebt es noch folgende Officianten, welche die Regierung besoldet und anstellt:

Der Sekretair des Gouverneurs.
Die Commissarien des Proviantwesens.
Vier Inspectoren über die Ausfuhr des Zuckers.
Einen über die Syrupfässer.
Einen Controlleur über die nordamerikanischen Schiffe.
Zwey öffentliche Auctionatoren.
Zwey Gerichtsbothen.
Zwey vereidichte Landmesser.
Drey Holzmesser.
Einen Aufseher über das Rindvieh.
Einen vereidichten Aufseher über Maaß und Gewicht.
Drey holländische Prediger.
Einen französischen Prediger.
Einen lutherischen Prediger.
Drey öffentliche Schulmeister.

Die Miliz besteht aus eilf Compagnien, und bey jeder sind ein Capitain, zwey Lieutenants, ein Fähndrich, ein Schreiber und ein Cassirer angesetzt. Die Capitains sind mehrentheils die vereidichten Taxierer der verschiedenen Güter, die an den Flüssen, wo sie ihre Standquartiere haben, zu verkaufen sind.

Dies ist die allgemeine Einrichtung der Colonie von Surinam, welche in der That allen

Bey=

Beyfall verdient, wenn nicht niedriger Geiz die verschiedenen Officianten verleitete, ihre Gewalt zum großen Nachtheil einzelner Individuen und des Ganzen zu misbrauchen.

Den 30sten traf ich den ehrlichen Matrosen, Carl Macdonald, und machte ihm ein anständiges Geschenk, zum Beweis meiner Erkenntlichkeit für seinen Schinken und seinen Hund. Bey Gelegenheit der Hunde will ich auch einige allgemeine Bemerkungen über diese Thiere in Surinam machen. Es ist merkwürdig, daß sie gleich nach ihrer Ankunft in dieser Weltgegend die Fähigkeit oder die Neigung zum Bellen verlieren, denn es ist allgemein bekannt, daß die hiesigen Hunde durchaus nicht bellen. Eben so ist es bekannt, daß sie nie von der Hundswuth angesteckt werden, und so lange ich in Surinam gewesen bin, habe ich nie von einem tollen Hunde etwas gehört oder gesehen, welches um so seltsamer ist, da man bey uns das Tollwerden der Hunde gemeiniglich der übermäßigen Hitze in den Hundstagen zuschreibt, und doch hier die Hitze ungleich stärker ist. Die Indier oder Eingebohrnen von Guiana halten sich durchgängig Hunde, deren sie sich auf der Jagd bedienen. Sie sind von einer schmutzig weissen Farbe, hager und klein, mit kurzen Haaren, spitzen Schnauzen und aufrecht stehenden Ohren; sie sind sehr geschickt auf der Jagd, das Wild aufzuspüren, besitzen dabey aber

alle

alle boshaften Eigenschaften der Dachshunde. Wenn die amerikanischen Hunde gleich nicht bellen, so pflegen sie doch überlaut und unangenehm zu heulen, und mein virginischer Hund war wegen dieses Umstandes so lästig, daß ihn meine Nachbaren in den ersten vierzehn Tagen todtschlugen.

Den 3ten August kam Herr de Graav zur Stadt, und endigte alle seine Geschäfte mit Hrn. Lolkens, dem vorigen Administrator von Falkenberg, worauf ich, sobald als möglich, ihm meinen Besuch abstattete, um ihn zu ersuchen, mir so lange Credit zu geben, bis ich im Stande seyn würde, die Summe zu bezahlen, die man mir für meine Johanna und mein Hänschen abforderte, und die ich entschlossen war, von meinem Sold zusammenzusparen, und sollte ich auch so lange nur Brod und Wasser genießen. Aber auch selbst denn gehörten wenigstens drey Jahre Zeit dazu. Die Vorsehung aber schlug sich glücklicherweise ins Mittel, und sandte die vortrefliche Madame Godefroy mir zu Hülfe; denn kaum hatte sie meine Verlegenheit erfahren, so ließ sie mich einladen, und redete mich folgendermaßen an:

Ich kenne, mein guter Stedman, ihre gegenwärtige bedenkliche Lage, und wie unmöglich es einem Officier fallen muß, blos von seinem Sold Wünsche, wie die Ihrige, zu befriedigen.

Er-

Erfahren Sie aber, daß die Tugend selbst in Surinam Verehrer findet. Ihre männliche Zärtlichkeit für dieses liebenswürdige Mädchen und ihr Kind, müssen ihnen, der Thorheit und Bosheit zum Trotz, die Achtung aller Vernünftigen erwerben; und in meinen Augen hat dies Betragen Ihnen einen großen Werth verschafft, daß ich mich für strafbar halten würde, Ihre rühmlichen Absichten nicht zu unterstützen. Erlauben Sie mir also, an Ihrem Glücke und an den künftigen Schicksalen Ihrer Johanna und Ihres Sohnes Theil zu nehmen, und nehmen Sie zu dem Ende die Summe von zweytausend Gulden, oder so viel sie sonst brauchen, von mir an; und nun gehen Sie sogleich und befreyen Unschuld, Güte und Schönheit aus den Klauen der Tiranney und Grausamkeit!

Ich war wie vom Blitz getroffen, unfähig ein Wort hervorzubringen, und betrachtete sie mit starrem Erstaunen, worauf sie mit himmlischer Güte hinzusetzte:

Dieses Anerbieten, mein Freund, darf Ihre Delikatesse nicht beleidigen; brave Soldaten und Seeleute müssen immer wenig Umstände machen, und ich fodre von Ihnen, daß Sie meinen Vorschlag annehmen, ohne je ein Wort darüber zu verlieren.

Endlich fand ich den Gebrauch meiner Zunge wieder, und sagte ihr alles, was eine so bey-
spiel-

spiellose Großmuth einem gerührten Herzen eingeben muste. Es war mir aber in dem Augenblick unmöglich, nur einen Heller des Geldes anzurühren, und ich verließ sie mit dem Vorsatz, den andern Tag wieder zu kommen, um von ihrer Güte Gebrauch zu machen.

Sobald ich nach Hause gekommen war, erzählte ich Johannen alles vorhergehende, worauf sie in einen Strom von Thränen ausbrach, und dabey ausrief: Gott muß diese Frau segnen. Zugleich verlangte sie ausdrücklich, daß ich sie an Madame Godefroy verpfänden möchte, bis die ganze Summe abbezahlt sey. Um die Freysprechung ihres Sohnes war sie ängstlicher bekümmert, aber auf ihre eigne Freyheit that sie freywillig Verzicht, bis jene erst unumstößlich gegründet war. Wie soll ich meinen Kampf zwischen Pflicht und Neigung bey dieser Gelegenheit beschreiben! Ich will nur kürzlich sagen, daß ich endlich den Wünschen dieses liebenswürdigen Geschöpfes nachgab, die mir mit jedem Tage durch ihre Gesinnungen theurer wurde. Ich setzte also sogleich eine Schrift auf, darin ich erklärte: daß Johanna, ihrem eigenen Verlangen gemäß, von nun an das Eigenthum der Madam Godefroy bliebe, bis meine Schuld bey ihr gänzlich getilgt seyn würde; und am folgenden Tage führte ich sie, mit Bewilligung ihrer Verwandten, (ohne Zustimmung der Eltern und Geschwister

ster werden in Surinam keine Sklaven von einiger Bedeutung einzeln verkauft), in die Wohnung der Madame Godefroy, der sich Johanna zu Füßen warf, und ihr selbst das Papier überreichte. Die gute Dame richtete sie auf, las den Inhalt des Papiers, und sagte: Nun so sey es! komm, meine Johanna, ich habe ein Herz, es zu wagen, dich als meine Sklavinn anzunehmen, du sollst aber meine Freundin seyn; ich will dir ein Häuschen in meinem Pomeranzenhayn bauen lassen, und meine Sklaven sollen dich bedienen, bis die Vorsehung mich abruft, denn wirst du vollkommen frey seyn, aber auch in jedem andern Zeitpunkt vorher, wo du von deiner Freyheit Gebrauch zu machen wünschen wirst. Deine Abkunft und dein Betragen berechtigen dich hiezu. Unter diesen Bedingungen nahm ich das Geld an, und trug es den andern Tag zu Herrn de Graav, den ich um eine Quittung des bezahlten Geldes ersuchte, und so ward Johanna von dem Guthe Falkenberg unter dem Schutz der besten Frau in ganz Westindien versetzt, und dankte mir dafür mit einem Blick, der sich nur in dem Gesicht eines Engels gedenken läßt.

Herr de Graav zählte das Geld und sagte mir denn: mein lieber Stedman, 200 Gulden von dieser Summe kommen mir als Administrator zu. Erlauben Sie mir auch einen geringen Antheil an dieser glücklichen Begebenheit zu nehmen, in-

Stedmans Nachr. v. Sur. a. Th.   B   dem

dem ich auf meine Premie Verzicht thue; ich halte mich für hinlänglich belohnt, weil ich etwas zu dem Glück zwey so verdienter Personen beyzutragen im Stande bin.

Ich dankte meinem uneigennützigen Freunde herzlich für seine Güte, und brauchte die zweyhundert Gulden sogleich zur Verminderung meiner Schuld, meiner großen Wohlthäterin, der Madame Godefroy, und so waren alle glücklich und vergnügt. Diese trefliche Frau gab noch einen neuen Beweis von der menschenfreundlichen Güte ihres Charakters. Als ich ihr die traurige Lage der armen Kranken zu Magdeburg schilderte, schickte sie sogleich eine große beladene Barke mit Früchten, Gemüsen und allen Erfrischungen, welche die Colonie hergab, zu ihrer Erquickung dahin.

Den 7ten August, nachdem ich meine Angelegenheiten soweit in Ordnung gebracht hatte, und mein Fuß wieder ziemlich hergestellt war, schrieb ich an Fourgeoud, daß ich mich in wenigen Tagen bey ihm einfinden würde. Ich adressirte diesen Brief nach Barbecuba, wo er sich noch immer aufhielt, indeß der thätige und muthige Capitain der Miliz, Stuhlmann, in einer andern Gegend mit einigen Jägern die Wälder durchstreifte, und eben wieder vier gefangene Rebellen nach Paramaribo geschickt hatte. Die schwarzen Jäger pflegen jeden Neger, den sie tödten, die Hand

ab=

abzuhauen, wofür sie fünf und zwanzig Gulden holländisch empfangen; für jeden lebendigen Rebellen aber, den sie ausliefern, bekommen sie funfzig Gulden, und für die Entdeckung einer Rebellenwohnung in den Wildnissen an den Grenzen von Suriname, tausend Gulden.

Den 10ten nahm ich von den lieben Meinigen Abschied, und reiste frisch und fröhlich in einer bedeckten Gondel ab, um meinen fünften Feldzug anzutreten.

Den 14ten kam ich zu Barbecuba in der obern Gegend des Cotticaflusses an. Ich fand den alten Obersten, der mich sehr höflich empfing, völlig bereit, den andern Tag in die Wälder zu marschiren.

Nie hatte ich die Truppen so guten Muths und so eifrig für den Dienst gesehen, welches von mehrern verschiednen Ursachen herrührte. Einige freuten sich aufs Plündern, andre wünschten sich an den Rebellen zu rächen, nach andre hoften auf eine baldige Endigung des Krieges, und die meisten sehnten sich nach einer Gelegenheit, ihrer qualvollen Existenz ein rühmliches Ende zu machen, indem sich nichts traurigeres denken läßt, als das Leben eines Soldaten in diesem brennenden Himmelsstrich, von grenzenlosen Wäldern umgeben, und beständig mit Nässe und Hitze kämpfend.

B 2 Zwey-

Zweytes Kapitel.

Den 15ten August 1775. hatten die Rebellen, welche noch stolz auf ihren Sieg über den Capitain Mayland waren, und sehr genau durch ihre Spionen wußten, daß Fourgeoud sich noch zu Barbecuba aufhielt, die Verwegenheit, alle Hütten anzuzünden, die unsre Patrouillen in zwey verschiedenen Lagern hatten stehen lassen, wobey sie die ganze Nacht hindurch schrieen und jauchzten, so daß wir es hören konnten. Dies erbitterte unsere Anführer nur um so mehr, und belebte von neuem den Muth der Truppen, die vor Ungeduld brannten, mit den Feinden handgemein zu werden. Während der Nacht beunruhigte auch ein großer Tiger das Lager, doch ohne einigen Schaden zu thun.

Am folgenden Tage war alles eine Stunde vor Tagesanbruch in Bereitschaft, und nun gieng der Marsch sogleich in die Wälder. Die zum Dienst tauglichen Europäer waren jetzt gerade zweyhundert Mann; die übrigen aber krank und unfähig zum Dienst; doch ließen sich die schwarzen Jäger noch nicht blicken. In der That waren sie, unter Fourgeouds Commando, so häufig beleidigt und so schlecht behandelt worden, daß sie ganz und gar ausblieben, welches den alten Obersten eine erwünschte Gelegenheit gab, sie mit der Benennung einer Rotte feigherziger Schurken zu brand=

brandmarken. Mich befremdete dieses willkühr-
liche Ausbleiben meiner schwarzen Lieblinge nicht
wenig, da sie sonst immer so eifrig waren, den
Feind entgegen zu gehen, und sich auf die Aussicht zu einem entscheidenden Treffen mit ihren
schwarzen Landsleuten freuten.

Diesen ganzen Tag war unser Marsch gerade nach Osten gerichtet, und auf diesem Wege
legten wir ungefähr acht englische Meilen zurück,
welches in einer Gegend, wo die Sklaven erst
mit der Axt einen Weg aushauen müssen, keine
geringe Strecke ist. Als wir daher so weit gekommen waren, machten wir Halt und schlugen
unsre Hütten auf. Da wir nunmehr erwarten
konnten, die rebellischen Neger zu treffen, will
ich meine Leser durch eine kleine Beschreibung
ihres Aufzuges vorläufig mit ihnen bekannt machen. Die Waffen eines solchen Rebellen sind
mehrentheils eine Flinte und ein Beil; sein krau-
ses, wollichtes Haar ist dicht um den Kopf herum
geflochten, um ihn von den Jägern und andern
herumschweifenden Negern, die noch nicht unter
ihnen aufgenommen sind, zu unterscheiden. Der
Bart ist vorn in eine Spitze gewachsen, wie bey
allen Afrikanern, wenn sie keine Gelegenheit haben, sich rasiren zu lassen. Sein vornehmstes
Kleidungsstück ist ein baumwollenes Laken, welches nachläßig über die Schultern hängt, und
ihn zugleich gegen die Witterung schützt. Dies

dient

dient ihm auch zum Lager, wenn er seine Schlafstelle in dem dunkelsten und verborgensten Winkel des Waldes wählt. Seine übrige Kleidung macht eine Camisa aus, welche wie ein Schnupftuch um seine Lenden gebunden ist, sein Pulverbeutel aus irgend einem Thierfell, einige baumwollene Schnüre um seine Knöchel und Arme als Zierrathen, und ein Obia oder Amulet um den Hals, auf dessen Zauberkraft er sein ganzes Vertrauen stellt.

Zuweilen, wenn es ihnen an Feuergewehren mangelte, haben sie ihre Zuflucht zu einem Kunstgriff genommen, und sich mit einem krummen, wie eine Flinte gestalteten Prügel unter ihre besser bewaffneten Cameraden gemischt, welches nicht selten die Wirkung hatte, daß die Sklaven auf den Plantagen von einer muthigen Gegenwehr abgeschreckt wurden, wenn sie eine solche Menge bewaffneter Feinde heranrücken sahen, und von panischen Schrecken gejagt, die Flucht ergriffen, und ihre Weiber und Kinder wegschleppen ließen.

Den 16ten setzten wir unsern Marsch Ostwärts fort, auf etwas erhöheten Gegenden oder kleinen Bergreihen, die aber wie die Sümpfe und Moräste in diesem Lande mehrentheils nach Osten und Westen laufen. Nach einem etwas kürzern Marsch, als am vorhergehenden Tage, erhielten wir Befehl, unsre Hangmatten bey Zeiten aufzurichten, und zwar unter freyem Himmel; auch

durf=

durften wir kein Feuer anzünden, damit der Feind nicht unsre Gegenwart durch das Geräusch des Holzfällens erführe, aus eben dem Grunde ward auch ein allgemeines Schweigen anbefohlen, und scharfe Wachen um das Lager ausgestellt. Alle diese Vorsichtsmittel waren unstreitig von grossem Nutzen; dafür aber musten wir uns von Myriaden Musquitos, die aus einem benachbarten Sumpf aufstiegen, peinigen lassen. Sie quälten uns unbeschreiblich, da wir sie nicht durch Rauch verjagen durften. In diesem trostlosen Zustande wühlten die armen Leute mit ihren Bayonetten Löcher in die Erde, worin sie den Kopf steckten, diesen bis an den Hals mit ihren Hangmatten bedeckten, und mit dem Bauch platt auf der Erde lagen; denn in keiner andern Lage war es möglich, ein Auge zuschließen.

Der kluge Rath eines alten Negers verschaffte mir indeß eine ruhige Nacht. Lieber Herr, sagte er, klettern Sie mit ihrer Hangmatte in den Gipfel des höchsten Baumes im Lager, und begeben sich dort zur Ruhe, keine einzige Musquito wird sie dort beunruhigen, denn der ganze Schwarm wird hinlänglich durch die Ausdünstungen der schwitzenden Menge unten angelockt werden. Ich machte sogleich den Versuch, und schlief in der That vortreflich, in einer Höhe von mehr als hundert Fuß über meinen Kameraden, die ich wegen der unzähligen summenden Musquitentenschwärme unter mir weder sehen noch hören konnte.

So verstrich die Nacht nach einem eben so unruhigen Tage, wo wir unaufhörlich von ganzen Heerscharen kleiner Ameisen angefallen wurden, die man hier wegen ihres empfindlichen Bisses Feueremsen nennt. Diese Insekten sind schwarz und sehr klein, wohnen aber in so unzähliger Menge beysammen, daß ihre Hügel uns zuweilen durch ihre Größe den Weg verschlossen, und ist man so unglücklich hinein zu treten, so wird man sogleich mit einer zahllosen Menge bedeckt, welche die Haut so gewaltsam mit ihren Zangen fassen, daß man eher den Kopf von dem Leibe trennt, als sie nöthigt, ihre Beute fahren zu lassen. Der brennende Schmerz, den ihr Biß verursacht, kann indeß unmöglich blos von der Schärfe ihrer Zänglein herrühren, sondern entsteht vermuthlich durch irgend eine giftige Feuchtigkeit, die sie in die Wunde spritzen.

Den 17ten marschirten wir Nordwärts, und trafen auf unserm Wege eine Menge Matakywurzeln, Anzeigen, daß wir uns den niedrigen Sumpfgegenden näherten; zum Glück aber hatten wir noch wenig Regen, obgleich wir in der nassen Jahreszeit waren.

Als ich gegen Abend meine Hangmatte zwischen zwey hohen Baumästen befestigte, bemerkte ich etwas an den Stam des Baumes, das einem

Blatt

Blatt vollkommen ähnlich sahe, außer daß es beweglich war. Ich rief einige Officiere herzu, um es zu betrachten, und einer von unsern Societätstruppen erkannte es für das bewegliche Blatt, ein Insekt von dem Geschlecht der Heuschrecken. Es hat vier länglichtrunde Flügel, von etwa drey Zoll lang, die völlig wie braune, dürre, mit Fibern durchschnittene Blätter aussehen, und machen, daß dieses Insekt häufig für ein vegetabilisches Produkt gehalten wird.

Ich gieng jetzt ruhig in meine Hangmatte, und genoß bis um Mitternacht eines erquickenden Schlafes, da mich plötzlich ein starker Regenguß in stockdunkler Nacht, einige Flintenschüsse und ein lautes Schreyen und Rufen der Rebellen aufschreckte. Da indessen die Schüsse unser Lager nicht erreichten, beruhigten wir uns bald wieder, und begnügten uns damit, unsre Aufmerksamkeit bis Tagesanbruch zu verdoppeln, um einen Ueberfall der Feinde zu verhüten.

Gegen Morgen richteten wir unsern Marsch nach der Gegend, woher der Lärm die Nacht über gehört war; befanden uns aber von der Nachtwache so ermüdet, daß es langsam weiter gieng; vornehmlich aber hatte ein kalter Fieberanfall den alten Obersten so entkräftet, daß er kaum fortschleichen konnte. Kaum waren wir auf diese Art zwey Meilen fortgegangen, als dicht vor meinen Füßen ein Negerrebelle aus einem

nem Busch aufsprang, wo er geschlafen hatte; da wir aber Befehl hatten, auf keinen Herumstreifer zu feuern, entkam er, indem er mit der Geschwindigkeit eines Rehes durch das Gesträuche drang. Dieser kleine Vorfall setzte uns indeß alle in Bewegung, der Oberste schüttelte sein Fieber ab, und verdoppelte seine Schritte mit neuem Muth, und wir marschirten rasch vorwärts, bis wir an einem Morast geriethen, aus dem wir uns nur mit Mühe herausarbeiten konnten, und zu unserm vorigen Nachtquartier zurückkehren musten, ohne nur die Spur des Feindes gesehen zu haben, aber auf den Marsch zwey Mann verlohren hatten, die wahrscheinlich in den Sumpf umkamen.

Heute sahen wir viele Arnottabäume, die in dieser Gegend des Waldes häufig wuchsen. Gegen Abend brachte mir ein Sklave eine so ungeheuer große Buschspinne, daß sie in einer acht Zoll hohen Flasche, in die ich sie steckte, mit ihren langen Klauen von oben bis unten reichte. Es ist unmöglich, sich etwas scheuslicheres, als diese Spinne zu denken, die in Surinam irrigerweise Tarantel genannt wird. Der Leib ist in zwey Theile getrennt, von denen der untere Theil länglicht rund, und von der Größe einer Pflaume ist, der obere Theil ist beynahe viereckicht, und mit einer Sternähnlichen Figur bezeichnet. Dieses Ungeheuer hat fünf Paar dicke

Beine, jedes mit vier Gelenken, ist von schwarzer oder dunkelbrauner Farbe, und überall dicht mit langen schwarzen Haaren bewachsen; an jedem Bein befindet sich eine krumme, gelbe Klaue, und am Kopf hat es zwey lange Hauer, mit einwärts gebogenen Zangen, wie Krebsscheeren, mit denen es seine Beute faßt. Ihr Biß ist sehr gefährlich, und verursacht allemal ein Fieber. Sie haben acht Augen, wie die meisten Spinnen, und nähren sich von allerley Insekten, auch sollen sie sogar junge Vögel angreifen, und ihnen das Blut aussaugen. Ihr Gewebe ist klein, aber sehr stark.

Den 19ten verließen wir wiederum unser Lager, und gegen 10 Uhr Vormittags stieß eine Parthie schwarzer Jäger, unter ihrem Anführer, Herrn Viesack, zu meiner großen Freude, zu uns. Fourgeoud ließ zwar immer viel Verachtung gegen diese schwarzen Truppen blicken, im Innersten seines Herzens aber freute er sich doch jetzt über ihre Ankunft, da wir uns einem Feinde näherten, mit dem die Jäger viel besser umzugehen verstanden, als unsre Seesoldaten, denn nach meiner Ueberzeugung ist ein freyer Neger in den Wäldern von Guiana brauchbarer, als sechs Weiße; jene sind hier in ihrem rechten Element, und für diese ist es wenig besser, als die Pest.

Der Oberste gab jetzt die Ordre, daß unser kleines Corps in drey Colonnen marschiren sollte.

Seine

Seine eignen Leute in Centrum, die Societäts= truppen an der rechten Seite, und die Jäger an der linken, so nahe, daß sie einander abrufen konnten, und einige Scharfschützen deckten die Flanken. So marschirten wir bis gegen Mit= tag, da wir an einen Sumpf oder Morast gerie= then, die hier sehr häufig und sehr gefährlich sind. Dies ist nemlich ein tiefer, weicher Schlamm, mit einer dünnen Rinde von Rasen bedeckt, die mehrentheils stark genug ist, um das Gewicht ei= nes Menschen zu tragen, obgleich sie beständig unter den Füßen zittert. Läßt diese Rinde nach, so sinkt der Unglückliche in einen tiefen Abgrund, wo er unvermeidlich umkommt, wenn man ihm nicht sogleich zu Hülfe eilt. Um diese Zufälle zu vermeiden, ließen wir sehr weite Zwischenräume in unsern Reihen, demungeachtet sahe ich ver= schiedene bis an die Armhöhlen einsinken, und nur mit Mühe gelang es uns, sie zu retten.

Nachmittags kamen wir durch zwey ehema= lige Cassawapflanzungen, welche die Nähe der Rebellen Wohnplätze ankündigten; weiterhin ge= riethen wir auf des Capitain Maylands Fuß= steige, die wir an den in die Bäume geschnitte= nen Zeichen erkannten, da aber der Tag zu weit verstrichen war, um den Feind anzugreifen, schlu= gen wir einige Meilen von dem Sumpf, in wel= chem Mayland umkam, unser Lager auf.

Da

Da der Marsch lang und ermüdend gewesen war, erlaubte der Oberste für diese Nacht, sowohl Hütten zu bauen, als Feuer anzuzünden, ungeachtet wir dem Feinde so nahe waren, und er beydes doch in einer weit größern Entfernung untersagt hatte. Ich benutzte indessen diese günstige Stimmung, und da mir mein Sergeant einige Angolaerbsen gegeben, die er in den verödeten Cassavafeldern gefunden hatte, verschafte ich mir einen Feldkessel, und lud ihn und einen schwarzen Jägercapitain, Namens Hanibal, ein, um sie mit mir zu verzehren; diese warfen ihr Pöckelrindfleisch und ihren Schiffszwieback mit in den Kessel, rührten es mit dem Bayonet um, und so genossen wir in einer traurigen Regennacht ein schmackhaftes Abendbrod.

Die sogenannten Angolaerbsen wachsen auf einem acht bis zehn Fuß hohen Gesträuch. In jeder Schote findet man fünf bis sechs dieser Erbsen, welche platt wie Linsen, und von röthlich brauner Farbe sind. Die Neger essen sie sehr gern, und bauen sie häufig in ihren Gärten.

Von dem Capitain Hanibal erfuhr ich manche Umstände von der Art der Neger, mit einander zu fechten, unter andern, daß jeder Krieger von zwey unbewafneten Negern begleitet wird, von denen einer seine Stelle einnehmen muß, wenn er erschlagen wird, und der andre

schafft

schafft den todten Leichnam weg, damit er nicht in die Hände der Feinde gerathen möge.

Von diesem Manne erfuhr ich auch, daß man vermuthe, der berühmte Negerchef Bonny befinde sich unter den benachbarten Rebellen. Er ist in den Wäldern unter ihnen gebohren, dennoch aber ein Mulatte, indem seine Mutter sich zu ihren Landsleuten flüchtete, um den Mishandlungen ihres Herrn zu entgehen von dem sie damals eben schwanger war.

Den 20sten früh erwachte ich an einem schönen Tage, mit gestärkten Gliedern und fröhlichem Muthe, und bald nachher traten wir unsern Marsch nach dem großen Sumpf an, den wir in wenigen Stunden erreichten. Hier wateten wir bis an den Gürtel im Wasser, und machten uns auf einen eben so hitzigen Angriff von dem jenseitsgem Ufer gefaßt, als die ehemalige Parthey so unglücklicherweise erfahren hatte. Unsre Besorgnisse waren aber diesmal ungegründet, nach einem Marsch von einer halben Meile, erstiegen unsre Grenadiere mit gespanntem Hahn und aufgestecktem Bayonet schnell das andre Ufer und formirten sich ohne den mindesten Widerstand. Hier erwartete uns ein grausender Anblick, die Erde war mit Hirnschädeln und Gebeinen bedeckt, an denen noch das halbverwesete Fleisch und Blut jener Unglücklichen hieng, die mit dem Capitain Mayland umkamen. Dieser

Offi=

Officier hatte sie zwar vorher begraben lassen, die Rebellen aber wühlten die Körper wieder heraus, um ihnen die Kleider auszuziehen, und die todten Leichname wie wilde Thiere zu zerfleischen.

Gegen zehn Uhr stießen wir auf eine kleine Anzahl Rebellen, von denen jeder einen grünen Korb auf dem Rücken hatte. Sie gaben sogleich auf uns Feuer, ließen ihre Lasten fallen, und machten sich auf die Flucht. Seitdem brachten wir in Erfahrung, daß diese Leute beschäftigt waren, Reis nach einer andern Niederlassung zu schaffen, auf den Fall, daß sie von dieser, Gado Saby genannt, vertrieben würden, welches sie täglich erwarteten, seitdem Mayland sie entdeckt hatte. Die grünen Körbe, welche sie Warimbo nennen, waren sehr künstlich aus Manicosleblättern geflochten, und als unsre Leute sie mit ihren Säbeln aufhieben, stürzten Haufen von schönstem reifen Reis, den ich je gesehen habe, heraus, die zerstreut und unter die Füße getreten wurden, indem wir sie nicht fortschaffen konnten. Etwas weiter hin bemerkten wir einen Schuppen, wo eine Schildwache ausgestellt worden war, um vor Gefahr zu warnen, jetzt aber war der Posten verlassen. Wir verdoppelten nunmehr unsere Schritte bis gegen Mittag, wo von einem Vorposten wieder zweymal auf uns Feuer gegeben ward, um Bonny zu benachrichtigen.

tigen. Der Major Medler und ich nebst einigen von der Avantgarde und eine kleine Parthie Jäger eilten jetzt vorwärts, und erreichten ein schönes Feld voll Reis und türkischen Weizen. Hier machten wir Halt, um die übrigen Truppen zu erwarten, die beynahe zwey englische Meilen zurückgeblieben waren, und mittlerweile hätte der Feind, der ohne unser Wissen das Feld umringen konnte, uns bequem niedermachen können.

In Zeit von einer halben Stunde war das ganze Corps beysammen, und nun rückten wir sogleich vor, indem wir durch einen kleinen Abschnitt des Waldes marschirten, wo augenblicklich ein starkes Feuer von allen Seiten auf uns gegeben ward, wobey jedoch die Rebellen beständig wichen, und wir vordrangen, bis wir ein vortrefliches, länglichtrundes Reisfeld erreichten, hinter welchem die Rebellenstadt in Gestalt eines Amphitheaters im Schatten einiger majestätisch hohen Bäume erschien, und den romantischsten, bezaubernsten Anblick gewährte, den man sich nur denken kann. In diesem Felde ward von beyden Seiten vierzig Minuten lang ein ununterbrochenes Feuer unterhalten, bey dem unsre schwarzen Krieger einen bewundernswürdigen Muth und große Geschicklichkeit sehen ließen. Die Weissen aber waren zu hitzig, und feuerten ohne Ueberlegung, einer über den andern weg, doch fehlte es auch unter ihnen nicht an kalter, ruhiger

ger Entschlossenheit. Verschiedne von den Unsrigen wurden verwundet, einige sogar tödtlich, aber nirgends sahe ich ein Beyspiel von unmittelbar erfolgtem Tode, welches ich in der Folge erklären werde.

Das ganze Feld, in dem wir uns befanden, hatte der Feind rings herum und hin und wieder in der Mitte mit großen Stämmen und schweren Baumwurzeln verschanzt, um unsre Annäherung schwierig und gefährlich zu machen, indeß sie gelassen hinter diesen Brustwehren lauerten, und ein sicheres Ziel faßten. Dieser Hindernisse ungeachtet drangen wir dennoch immer vor, kletterten über die unzähligen Baumstämme, und kamen so der Stadt immer näher. Sobald die Rebellen dieses sahen, ergriff einer ihrer Anführer, der einen Hut mit einer alten angelaufenen Tresse trug, einen Feuerbrand, und zündete die Stadt in unsrer Gegenwart an, welches, da die Materialien der Hütten sehr trocken waren, bald eine allgemeine Feuersbrunst veranlaßte, worauf auch das Schießen aus dem Holze almählig aufhörte. Durch dieses kluge Verfahren ward einem allgemeinen Blutbade vorgebaut; der Feind gewann Zeit, sich mit seinen Weibern und Kindern und besten Effekten zu retten, und die aufsteigenden Flammen, und der Sumpf, der uns, wie wir bald sahen, von allen Seiten umgab, hinderten uns, den Flüchtlingen nachzusetzen.

Nachdem wir uns nun von dem Staub, Schweiß und Blut gereinigt, und zu unsrer Stärkung ein Stückchen Brod und einen Schluck Brandtwein genossen hatten, gingen wir nach dem noch immer dampfenden Schutthaufen, um den Ort näher in Augenschein zu nehmen. Die Stadt hatte aus ungefähr hundert Häusern bestanden, unter denen einige von zwey Stock waren. Unter der Asche fanden wir verschiedne Kleinigkeiten, die der Wuth der Flammen widerstanden hatten, nemlich silberne Löffel und Gabeln, die B. W. gezeichnet waren, und, wie wir schlossen, zu dem geplünderten Guthe Braunschweig, am Rio Cottica gehört hatten. Auch fanden wir einige Messer, zerbrochnes Porcellain und irdene Töpfe. Unter den letztern gerieth einer mit zubereitetem Reis und Palmbaumwürmern gefüllt in meine Hände, den ich, weil mich der Hunger peinigte, in wenigen Minuten ausleerte, und eine recht reichliche Mahlzeit davon machte. Einige von meinen Cameraden besorgten, man habe diese Speise vorsetzlich zurückgelassen, um uns zu vergiften, der Erfolg lehrte aber glücklicherweise für mich, daß sie sich geirrt hatten.

Den Nachmittag wurden wir durch einen neuen Angriff einer Parthey Feinde überrascht, die wir zwar sogleich zurückschlugen, uns aber während der Nacht sehr wachsam erhielten. Es ward nicht erlaubt, Feuer anzuzünden, und doppelpelte Wachen wurden um das Lager ausgestellt. Von Hitze und Arbeit ermüdet, eilte ich früh in meine Hangmatte, und hatte kaum ein Paar Stunden ruhig geschlafen, als mein Knabe mich in der dicksten Finsterniß mit dem Ausruf weckte: Herr, Herr, die Feinde! zugleich hörte ich Schüsse von allen Seiten, und das Geräusch der Kugeln, die zischend zwischen den Zweigen durchfuhren, woraus ich schloß, daß die Feinde mitten im Lager waren. Ich stürzte aus meiner Hangmatte, griff, ohne recht zu wissen was ich wollte, nach meinem Gewehr, rannte meinen Knaben um, fiel gleich nachher über zwey oder drey andre Menschen, die ich für Todte hielt. Ein derber Fluch von dem einen belehrte mich indessen meines Irrthums, und zugleich rieth er mir, mich platt auf den Bauch zu legen, wie die übrigen, denen Fourgeoud diesen Rath gegeben hatte, weil wir unsre Ammunition am vorigen Tage ziemlich verschossen hatten. In dieser unbequemen Lage blieben wir bis Sonnenaufgang, indeß die Rebellen und Jäger einander wechselsweise schimpften und bedrohten. Erstere nannten die letztern feige Memmen und Verräther ihrer Landsleute, forderten sie zum Zweykampf auf, und wünschten nur eine Gelegenheit zu haben, ihre Hände in dem Blut dieser Nichtswürdigen zu baden, die hauptsächlich Schuld an der Zerstörung ihres blühenden Wohnsitzes wären.

C 2 Die

Die Jäger ihrer Seits nannten sie armselige Herumläufer, die ihre Herren nur verlassen hatten, weil sie zu faul wären, um zu arbeiten. Denn sangen sie wechselsweise ihre Kriegslieder, stießen in ihre Hörner, als ob es zum Angriff ginge, und fiengen von neuem an zu schießen.

Endlich nahm der alte Fourgeoud Theil an der Unterredung, welches ein unaufhörliches Gelächter erregte. Er versprach ihnen durch meine und Fowlers Vermittelung, die als Dollmetscher dienten, das Leben, Freyheit, Speise, Trank, alles was sie brauchten. Sie erwiederten aber mit lautem Lachen: sie bedürften nichts, was er ihnen geben könnte; schilderten ihn als einen halbverhungerten Franzosen, der seinem Vaterlande entlaufen sey, und versicherten, daß, wenn er es wagen wolle, ihnen einen Besuch abzustatten, sollte ihm kein Schade geschehen, auch sollte er nicht mit leerem Magen zurückkehren. Sie sagten ferner, wir wären mehr zu bedauren, als sie, denn wir wären weisse Sklaven, für vier Groschen täglichen Sold gedungen, uns todtschießen zu lassen oder zu verhungern; es wäre nicht der Mühe werth, gegen solche armselige Wichte ihr Pulver zu verschwenden; sollten aber die Pflanzer oder Oberaufseher sich einfallen lassen, die Wälder zu betreten, so sollte kein Gebein von ihnen zurückkehren, eben so wenig, als von den verrätherischen Jägern, von denen sich nur eini=
ge

ge gefaßt machen sollten, am andern Tage ihr Leben zu lassen, und am Ende versicherten sie, Bonny würde bald Gouverneur der Colonie seyn.

Nach diesem klapperten sie ihre Sensen an einander, erhoben ein dreymaliges Freudengeschrey, feuerten eine Salve, welche von den Jägern erwiedert wurde, und zerstreuten sich mit Sonnenaufgang.

Die Mühseligkeiten, die wir hier ausstehen musten, waren ohne Zweifel groß, unser Verlust durch den Feind indeß sehr geringe, welches ich zu erklären versprochen habe. Als die Wundärzte die Blessirten verbanden, klärte sich das Geheimniß auf, denn man zog aus den Wunden nur wenige Kugeln hervor, sondern mehrentheils kleine Kieselsteine, metallne Knöpfe, kleine Silbermünzen und dergleichen, die wenig Schaden anrichten konnten, weil sie nur grade durch die Haut drangen. Einige der armen Negerrebellen, die auf dem Platz geblieben waren, hatten auch statt der Feuersteine nur Scherben von Selzerkrusen, die unmöglich große Dienste thun konnten, und diesen Umständen verdankten wir es unstreitig, daß wir so gut wegkamen. Dennoch fehlte es nicht an beträchtlichen Fleischwunden und Contusionen.

Allem Ansehen nach führen diese Neger, wenn sie nicht beunruhigt werden, ein ganz gemächliches Leben in ihren Wäldern, und alle, die wir
sa-

sahen, waren auch dick und wohlbeleibt. Wildpret und Fische fangen sie im Ueberfluß, und bewahren, was sie nicht gleich verzehren, durch Räuchern auf; ihre Felder gewähren ihnen Reis, Cassawa, Yamwurzeln und Pisang in größter Menge; ihr Salz bereiten sie wie die Hindus in Ostindien aus der Asche des Palmbaums oder ersetzen den Mangel desselben durch Cayenne Pfeffer.

Ihre Butter erhalten sie von dem Fett der Palmwürmer, welches völlig alle Dienste derselben vertritt, und nach meinem Geschmack noch unendlich delikater ist. Auch gebrauchen sie das Oel der Pistacien oder Pindanüsse bey ihren Speisen. Der Palmbaum gewährt ihnen ohne Mühe ein angenehmes Getränk in Menge, wenn sie nur in dem umgehauenen Baumstamm tiefe Löcher von einem Fuß ins Gevierte machen, in welchem sich der Saft sammelt, und durch die Sonnenhitze bald in Gährung geräth. Der Manicolebaum giebt ihnen Baumaterialien zu Verfertigung ihrer Hütten; und der Callebasse oder Kürbisbaum liefert ihnen Becher und andre Gefässe. Aus Seidengras flechten sie ihre Hangmatten, und aus Thon, den sie überall finden, verfertigen sie sich Töpfergeräthe; die verschiedenen Arten von Weiden und Schlingpflanzen dienen ihnen zu Stricken; Feuerung liefert der Wald überall, eine besondere Gattung Holz vertritt die

Stelle

Stelle des Zunders, und dient auch, weil es sehr elastisch ist, als Cork. An Lichtern fehlt es ihnen nicht, weil sie Oel und Fett im Ueberfluß haben; und die wilden Bienen beschenken sie mit Wachs und Honig.

Kleider sind ihnen ganz entbehrlich, da die Hitze des Clima jede Art von Bedeckung ganz überflüßig und sogar lästig macht.

Sie könnten sich auch Schweine und Federvieh ziehen, aber sie unterlassen es, weil ihr Geräusch sie leicht verrathen könnte, da man in der Stille das Krähen eines Hahnes beynahe Meilenweit hören kann.

Ich kehre nach dieser kleinen Ausschweifung zu meiner Erzählung zurück. Da die Rebellen dieser kleinen Niederlassung nun dem Anschein nach zerstreut und überwunden waren, ließ es der Oberste sein erstes Geschäft seyn, die Erndte ringsum zu verderben. Dieses Geschäft wurde mir mit achtzig Seesoldaten und zwanzig Jägern aufgetragen, und mit Hülfe dieser Leute ließ ich allen Reis abhauen, der in den beyden oben angeführten Feldern wuchs. Nachher entdeckten wir weiter südwärts noch ein drittes Feld, welches wir ebenfalls verwüsteten. Den Nachmittag ward ein Officier mit achtzig Mann beordert, die Gegend hinter dem Dorfe zu untersuchen, und wo möglich auszuforschen, wie die Rebellen es angestellt hatten, über einen bo-

den-

denlosen Sumpf hin und her zu gehen, ohne daß wir sie verfolgen konnten. Er fand endlich zwischen dem Schilf eine Art von schwimmender Brücke, von Baumzweigen zusammen geflochten, aber so schmal, daß nur einer auf einmal herüber gehen konnte. Hier saßen einige Rebellen, den Paß zu vertheidigen, die auch sogleich auf die Unsrigen Feuer gaben, aber bald von den Jägern zurückgeschlagen wurden. Einer von diesen Schwarzen wurde getödtet, welchen aber seine Cameraden wegschleppten.

Früh am 22sten ließ unser Befehlshaber einige von seiner Mannschaft über die Brücke gehen, um auf alle Fälle die Gegend jenseits zu untersuchen. Ich führte dabey die Avantgarde. Wir nahmen nunmehr den Paß, ohne allen Widerstand, ein, und nachdem wir über eine Menge im Wasser liegender Baumstämme geklettert waren, befanden wir uns in einem großen mit Yams und Cassawa angebauten Felde, in dem etwa dreyßig Häuser, die Ueberreste einer alten Rebellenniederlassung, Namens Cofeay, standen. Hier entdeckten wir zu unserm großen Erstaunen die Ursache jenes Feuerns, Lärmens und Singens, in der Nacht vom 20sten. Dieses war nicht allein geschehen, um den Abzug ihrer Freunde über jenen Paß zu decken, sondern auch, um durch das Geräusch unsere Aufmerksamkeit zu täuschen, weil unter diesem Lärm Männer, Weiber

ber und Kinder beschäftigt waren, ihre Körbe mit Reis, Yams und Cassawa zum Unterhalt auf ihrer Flucht zu füllen, wovon wir nur noch die Hülsen und Abgänge vorräthig fanden. Dies war unstreitig eine sehr feine Kriegslist von einem so rohen Volke, das wir zu verachten vorgaben, und uns doch so geschickt zu hintergehen wußte.

Drittes Kapitel.

Fourgeouds Wuth, als er sich von diesen armseligen Negern so überlistet sahe, war grenzenlos, und er schwur, er wolle Bonny bis an das Ende der Welt verfolgen. Indessen waren unsre Vorräthe von Lebensmitteln und Munition beynahe völlig erschöpft; er beharrte nichts desto minder auf seinem unausführbaren Vorhaben, und schickte den Capitain Bolts mit hundert Mann und dreyßig Jägern ab, um Kugeln und Pulver und Lebensmittel auf acht Tage von Barbacuba her zu transportiren. Mittlerweile aber wurden die zurückgebliebenen Truppen auf halbe Portion gesetzt, und erhielten Befehl, den Abgang durch Reis, Erbsen und Cassawa zu ersetzen, die sie in den Feldern der Rebellen sammelten, und sich, so gut sie es verstanden, zubereiten musten. Die Officiere hatten kein besseres Schicksal, als die Gemeinen, und es war ein ganz eigner Anblick, zu sehen, wie zehn bis zwanzig Mann auf einmal mit schweren hölzernen Keulen, in den Stamm eines dazu von den Rebellen ausgehöhlten Baums Reis stampften, welches die einzige bey diesen und andern Wilden übliche Art ist, ihn von den Hülsen zu sondern. Dies war aber keine leichte Arbeit, und wir musten unser Brod buchstäblich im Schweiß unsers Angesichts essen, und dabey hatten wir nichts als klares Wasser zum Getränke.

Unter vielen andern Gewächsen fanden wir hier zum Glück eine Menge wilden Portulac, der sich nur von dem bey uns bekannten dadurch unterscheidet, daß er dichter über der Erde wächst, und kleinere Blätter von schwärzlich grüner Farbe hat. Man ißt ihn entweder roh als Salat, oder gekocht als Gemüse, in beyderley Gestalten ist er nicht allein eine kühlende, angenehme Speise, sondern auch ein trefliches antiscorbutisches Mittel.

In dieser Gegend fanden wir auch eine Menge Callebassen oder Kürbisbäume, die den Einwohnern des Landes äußerst nützlich sind. Sie haben die Größe gewöhnlicher Aepfelbäume, und lange, dicke, spitzige Blätter. Die Kürbisse sind von verschiedener Größe und Gestalt, lang, conisch und rund, und öfters zehn bis zwölf Zoll im Durchschnitte. Die Schaale oder Rinde ist hart und sehr glatt, und mit einer glänzenden Haut umgeben, welche allmählig braun wird, so wie

wie der Kürbis trocknet und zum Gebrauche reift. Das Innere besteht aus einer markigen Substanz, die man leicht mit einem krummen Messer heraushohlen kann. Der Gebrauch dieser Flaschenkürbisse ist sehr vielfältig. Man macht daraus Bouteillen, Pulverhörner, Becher, Schüsseln und Teller. Die Neger verzieren die Außenseite, indem sie allerhand Schnörkel und Figuren darauf ritzen und Kreide in die Lücken reiben, welches eine recht hübsche Wirkung macht.

Den Nachmittag des 23sten kehrten die Jäger von einer Expedition zurück, auf der sie ein andres Reisfeld entdeckt und zerstört hatten, worüber Fourgeoud große Zufriedenheit äußerte. Mit ganz andern Empfindungen aber sahen wir gegen Abend des nemlichen Tages Capitain Bolts mit seiner Parthey zurückkehren, von denen viele verwundet in Hangmatten von ihren Cameraden getragen wurden. Der Officier stattete, nachdem er die Kranken an den Chirurgus überliefert hatte, folgenden Rapport ab: Sobald er mit seinen Leuten jenen unglücklichen Sumpf betreten hatte, wo Capitain Mayland geschlagen wurde, ward er vom Feinde von dem entgegengesezten Ufer angegriffen, und ohne einen einzigen Europäer zu beschädigen, eine schreckliche Niederlage unter den Jägern angerichtet. Vornehmlich war ein tapferer junger Mann, einer ihrer Anführer, Namens Valentin, an fünf Stellen

len tödtlich verwundet worden, indem er sein Horn blies, um seine Landsleute zum Gefecht zu ermuntern. In diesem Zustande fand ihn sein Bruder, und es entstand eine so rührende Scene brüderlicher Zärtlichkeit, als man selten in einem cultivirten Lande finden wird. Er kniete neben ihm, hing über den zerfleischten Körper, sog das geronnene Blut aus seiner Brust, und tröstete ihn mit dem Versprechen, seinen Tod auf das äußerste an seinen Feinden zu rächen, und mit der Hofnung, wenn er selbst getödtet werden sollte, ihn in einer bessern Welt wieder zu finden.

Dieser Unfall zeigte unserm muthigen Anführer, wie fruchtlos seine Bemühungen waren, und es blieb ihm nun nichts übrig, als ernstlich an seinen Rückzug zu denken, da wir weiter weder Lebensmittel noch Munition hatten, und kaum so viel Gesunde, als nöthig waren, das Lager zu vertheidigen. Den 25sten machten wir uns also auf den Marsch, und da wir nunmehr gebahnte Wege vor uns hatten, erreichten wir unsern allgemeinen Versammlungsplatz Barbacuba den Nachmittag des folgenden Tages; jedoch in dem allerkläglichsten Zustande, von Beschwerden, Mühseligkeiten und Hunger ganz erschöpft, und viele tödtlich verwundet. Diese und die minder Beschädigten und Kranken trugen die Sklaven in ihren Hangmatten an langen Stäben, obgleich die

ar=

armen Geschöpfe kaum im Stande waren, sich selbst fortzuschleppen.

Wir hatten freylich keine Gefangene bey der Einnahme von Gadosaby gemacht, dennoch war die Ausrottung der Feinde aus einem ihrer beträchtlichsten Wohnsitze ein wesentlicher, der Colonie geleisteter Dienst, weil sich die Rebellen nie oder im äußersten Nothfall nur getrauen, nach einem Orte zurückzukehren, den man einmal entdeckt hat, und daher weiter in die Waldungen zurückfliehen musten, so daß man wenig weiter von ihnen zu befürchten hatte, und hier war es für die Negerausreisser von den Plantagen beynahe unmöglich, sie aufzufinden, weil sie auf dem langen Wege aus Mangel an Lebensmitteln umkommen musten.

Unsre Beschwerden waren indeß noch nicht geendigt, denn als wir zu Barbacuba ankamen, fanden wir die Vorräthe von Lebensmitteln so erschöpft, daß sie den ermatteten Truppen bey ihrer Ankunft kaum einen kümmerlichen Unterhalt gewähren konnten. Die Ruhr herrschte unter ihnen beynahe allgemein, weil sie viele Tagelang nichts genossen hatten, als Yamwurzeln, Reis, Erbsen und Mahis, wobey zwar die Indier und Neger vollkommen stark und gesund bleiben können, die Europäer hingegen ohne alle animalische Speisen manchen Uebeln unterworfen sind.

Ich

Ich für meine Person gehörte noch zu den wenigen, die eine vollkomme Gesundheit genossen, ungeachtet ich mich eben wie die Gemeinen hatte behelfen müssen, weil meine Vorräthe zurückgeblieben waren, jetzt hofte ich indessen, daß man mir erlauben würde, sie zu hohlen. Fourgeoud aber versicherte, er könne mich unmöglich einen Augenblick missen, so lange ich noch im Stande wäre, auf den Füßen zu stehen. Ich suchte mich also in Geduld zu fassen, theilte mit meinem Knaben die dürftige Portion eines gemeinen Soldaten, die zuweilen durch einige Fische, etwas Palmkohl oder Palmbaumwürmer einige Vermehrung erhielt.

Die armen Sklaven waren indessen so ausgehungert, daß sie einen gefangenen Affen mit Haut und Haar und Eingeweiden an dem Feuer rösteten, und halb roh, wie die Canibalen mit den Zähnen zerrissen. Mir boten sie auch ein Stück von dem zerfleischten Thiere an, aber so hungrig ich auch war, so empörte sich doch mein Magen gegen dieses Wildpret.

Der Mangel wurde jetzt so dringend und allgemein, daß die Jäger wiederum das Lager verließen, und Herr Biesack, ein sehr braver und züchtiger Mann, ihr Anführer, legte sein Amt nieder, wie sein Vorgänger gethan hatte.

Im Anfange des Septembers wüthete die Ruhr dermaßen in dem Lager, daß der Oberste
sich

sich genöthigt sahe, alle Kranken wegzuschicken, aber nicht nach Paramaribo, um sich in dem dortigen schönen Hospital zu erhohlen, sondern nach den verschiednen Stationen an den Flüßen, um dort zu schmachten und zu sterben.

Fourgeoud trieb jetzt seine unmenschliche Strenge gegen die Officiere so weit, daß er denen, die man wegen Schwäche oder schwerer Krankheit aufgegeben hatte, keinen Soldaten zu ihrer Bedienung erlauben wollte, so daß einige in dem hülflosesten Zustande zwischen zwey Bäumen schwebend in ihren Hangmatten lagen, und nicht der kleinsten Pflege genossen. Ein gewisser Fähndrich, Strows, ward in diesem schrecklichen Zustande in einem offenen Boot nach der Teufelsherberge geschaft, wo er bald darauf starb.

Endlich ward auch der Oberste selbst von diesem fürchterlichen Uebel befallen, von dem er jedoch bald genaß durch Hülfe des rothen Weins und Gewürzes, woran es ihm nie mangelte. Seine Eitelkeit spiegelte ihm mittlerweile vor, die Regierung von Paramaribo würde eine Deputation schicken, um ihm über seine Siege Glück zu wünschen, und er ließ auch schon zu ihrem Empfang eine zierliche Hütte erbauen, und Schaafe und Schweine kommen, sie zu bewirthen.

Endlich, nachdem er bis zum 5ten Oktober vergeblich auf die ausbleibende Gratulation gehoft hatte, ließ er die Schaafe und Schweine
schlach-

schlachten, und zum erstenmal in seinem Leben jeden Soldaten ein Pfund Fleisch reichen.

Den folgenden Tag langte eine Verstärkung von hundert Mann von Magdeburg an, und eine ähnliche Anzahl von Vreedenburg. Diese bestätigten die Nachricht von dem Tode des obengenannten Fähndrichs, und einer großen Anzahl Gemeinen, die in den Böten während dem Transport von Barbacuba gestorben waren.

Zu gleicher Zeit brachte man die Nachricht, daß die geschlagenen Rebellen unterhalb Patamaca über den Cotticafluß gegangen waren, und nach Westen hin marschirten. Diesem Bericht zufolge erhielten sogleich ein Capitain und funfzig Mann Befehl, zu Waßer abzugehen, um die Ufer des Pinnenburger Baches zu untersuchen. Dieses Commando kehrte am 8ten zurück, und bestätigte die erhaltene Nachricht, worauf unser unermüdeter Anführer sogleich beschloß, sie weiter zu verfolgen. Mittlerweile waren die Sklaven, welche unser Gepäcke auf den vorhergegangenen Zügen getragen hatten, als wandelnde Gerippe an ihre Eigenthümer zurückgeschickt worden, um gegen andre ausgetauscht zu werden, die wieder ausgehungert werden sollten.

Den 9ten schickte die gute Madame Godefroy wieder ein flaches Fahrzeug mit einem fetten Ochsen, Orangen und Pisangs beladen, für die Gemeinen des Corps, unter welche dieser sehr willkommne Vorrath auch sogleich vertheilt ward. An eben dem Abend erhielt ich auch ein kleines Geschenk von Lebensmitteln, und einige Bouteillen Port=Wein, der, ungeachtet ein Theil unterwegs gestohlen, und manches verdorben war, mir doch viel Freude machte.

Wenn ich in den Wäldern von Lebensmitteln spreche, verstehe ich darunter blos Zucker, Thee, Coffee, Bostonner Zwieback, Käse, Rum, Schinken, oder ein Fäßchen mit Würsten, indem ein einziger Sklave wenig mehr tragen konnte, und mehr als einen erlaubte man uns nicht. Hemden, Schuhe und Strümpfe wurden auch zu den nothwendigen Bedürfnissen gerechnet; die beyden letztern aber hatte ich lange entbehren gelernt, und befand mich dabey besser, als meine Cameraden mit ihren mit Geschwüren und Eiterbeulen bedeckten Beinen.

Den 12ten kamen die neuen Sklaven an, und nun wurden alle Anstalten gemacht, den Rebellen am folgenden Tage nachzusetzen, indem wir unsern Marsch zuerst nach Jerusalem richteten, wohin die Kranken, die Lebensmittel und das schwere Gepäck den 13ten zu Wasser abgingen.

Auf diesen Marsch wurden die neuen Sklaven mit unerhörter Grausamkeit behandelt; denn man ließ sie nicht allein hungern und bepackte sie über Vermögen, sondern auch jeder übellaunigte

Taugenichts schlug auf sie zu, als ob es wirkliche Lastthiere gewesen wären. So sahe ich zum Beyspiel Fourgeouds schwarzen Liebling, Gousary, einen armen Negersklaven zu Boden fällen, weil er sein Pack noch nicht aufgeladen hatte, und gleich darauf schlug ihn der Oberste, weil er es zu früh aufgenommen hatte; der Unglückliche, welcher nicht wußte, was er thun oder lassen sollte, rief hierauf, vermuthlich um Mitleid zu erwecken, aus: Lieber Herr Jesus Christus! und sogleich schlug ihn ein dritter zu Boden, weil er es gewagt hatte, diesen heiligen Namen zu entweihen.

Während diesem Marsch brach eine ganze Heerde wilder Schweine mitten durch die Linien, von denen verschiedene mit Bayonetten erstochen oder mit Säbeln erlegt wurden, denn auf irgend ein Wildpret zu schießen war verboten. Die wenigen auf diese Art erbeuteten Thiere wurden unter die Leute vertheilt, und gewährten eine angenehme Abwechselung unsrer Speise.

Den 14ten kamen wir, von Regen durchnäßt und mit Schmutz bedeckt, in Jerusalem an; verschiedne Leute hatten auch durch unglückliche Fälle über Baumwurzeln und große Steine schwere Brüche bekommen. Hier fanden wir zu unserer großen Verwunderung auch Herrn Viesack, den Anführer der Jäger, wieder mit hundert Mann frischer Truppen; er hatte nemlich erfahren, daß die

die Rebellen über den Cottica gegangen waren, und auf dringendes Zureden des Gouverneurs das Commando von neuem übernommen. Jetzt bot er unserm Obersten seine Dienste wieder an, der darüber sehr zufrieden schien.

Der Ort unsers damaligen Aufenthalts war überall mit langem, grobem Grase bewachsen, und diente allerley Ungeziefer zum Schlupfwinkel. Unter diesen befand sich auch eine kleine Schlange, die in Surinam die Orukukuschlange genannt wird, und vom Doktor Bankroft den Nahmen der kleinen Labora erhalten hat. Diese biß einen Sklaven in den Fuß, der sogleich aufschwoll, und in kurzer Zeit starb der Mensch unter den heftigsten Verzuckungen und den unerträglichsten Schmerzen.

An eben diesem Tage ward gegen Abend von unsern Negern ein Thier getödtet, welches man hier Cabiai nennt. Es ist eine Art von Wasserschwein, und ungefähr von der nemlichen Größe als das Landthier dieses Namens; es ist mit grauen Borsten bedeckt, und mit einer Anzahl starker Zähne bewaffnet, aber ohne Schwanz; an jeden Fuß hat es drey Zehen, die mit Schwimmhäuten verbunden sind; man sagt, es begebe sich nur zur Nachtzeit an Land, um dort junges Gras und andre Gewächse zu seiner Nahrung zu suchen; sein Fleisch soll wohlschmeckend seyn, ich habe es aber nie gekostet.

Den 16ten brachte eine Parthey, die ausgesandt worden war, um die Spur der Rebellen aufzusuchen, zwey Canots derselben mit, die an dem jenseitigen Ufer des Cotticaflusses, ein wenig unterhalb der Mündung des Claasbaches, auf den Strand gezogen waren. Dieser Umstand überzeugte uns, die Rebellen wären Westwärts zu plündern gezogen, hätten ihre beiden Canots den Claasbach hinab aus dem Reislande gebracht, um sie mit der Beute, die sie auf den Plantagen zu machen hoften, beladen wieder zurück zu schicken.

Es wurde daher in gröster Eile alle Anstalt zu ihrer Verfolgung gemacht.

Viertes Kapitel.

Den 19ten früh marschirte der Oberste Sieburg mit hundert Seesoldaten und vierzig Jägern aus, die Rebellen aufzusuchen. Ich befand mich auch bey dieser Parthey, und hatte das Glück, daß mir der Oberste mit ungewöhnlicher Freundlichkeit begegnete.

Wir gingen über den Cormotibo und hielten uns Südwestwärts und Südwärts, bis wir den Cottica erreichten, wo wir die Nacht zubrachten. Auf diesem Marsch begegnete uns nichts merkwürdiges, außer daß wir eine Menge schwarzer Ameisen sahen, die wenigstens einen Zoll lang waren. Diese Insekten streifen in kurzer Zeit einem nen Baum sein ganzes Laub ab, und zerlegen die Blätter in kleine Stücken, die sie ihren Jungen zur Nahrung mehrere Fuß tief unter die Erde schleppen. Es war in der That ein belustigender Anblick, eine ganze Armee dieser Geschöpfe zu sehen, welche alle in einer Linie mit einem Blatt beladen, fortzogen.

Den folgenden Tag erreichten wir den Claasbach, über den ich ehemals mit meinem Säbel zwischen den Zähnen hinüber schwamm, und erhielt Befehl, mich mit einigen Jägern an der Mündung des Baches, bis es dunkel würde, in Hinterhalt zu legen. Wir entdeckten aber nichts. Im Verlauf meiner Unterredungen mit den Jägern erfuhr ich jedoch, daß sie eben den Glauben wie die Rebellen an die Kraft ihrer Obias oder Amulete hegen, daß solche unverwundbar machen. Auf mein Befragen sagten sie mir, sie erhielten diese Verwahrungsmittel von einem berühmten und schlauen alten Neger, Namens Graman Quacy, der sich durch diesen Handel allgemein in großes Ansehen gesetzt, und ansehnlichen Reichthum erworben hatte, ein seltener Fall für einen Schwarzen in Surinam! Auf meine Frage, wie es aber doch zuginge, daß sowohl sie als ihre unverletzbaren Feinde zuweilen erschossen würden, gab man mir zur Antwort, das kommt daher, lieber Herr, weil diese Leute, wie sie, keinen Glauben haben. Ein bequemes Mittel, alle

Ein=

Einwürfe zu entkräften. Indessen hatte diese Ueberzeugung doch das Gute, daß die Jäger in vollem Vertrauen auf die Zauberkraft ihrer Talismane dem Tode unerschrocken entgegen gingen, und mit wahrem Heldenmuth sich jeder Gefahr aussetzten.

An der Mündung dieses Baches schwammen eine Menge Acajounüsse auf der Oberfläche des Wassers. Man kennt sie unter der Benennung Aracardium Occidentale, sie lassen sich sehr weit in andre Länder verführen, und halten sich lange, ohne zu verderben.

Den 21sten kam ein Bote zu Wasser von dem Obersten Fourgeoud mit der Nachricht, daß man in der Gegend des Piricaflusses Nothschüsse gehört habe. Wir gingen hierauf sogleich über den Fluß an das westliche Ufer, und die Jäger nebst einer Parthie Seesoldaten musten sich von neuem in Hinterhalt legen, um wo möglich die Rebellen auf ihrem Rückzuge mit der Beute über den Cottica abzuschneiden. Auch sahen wir an eben diesem Nachmittage einen Rebellen mit einem grünen Korbe, auf den ich und ein Jäger zugleich Feuer gaben, worauf er den Korb fallen ließ, aber selbst glücklich entkam. Der Korb enthielt eine Menge sehr feiner Tischwäsche, einen Tressenhut, und zwey Röcke vom feinsten indischen Ziz. Ich gab alles meinem schwarzen Gefährfährten; die Röcke aber bestimmte ich für meine Freundin in Paramaribo.

Nunmehr stürzten die freyen Neger unaufhaltsam hervor, und ich ersuchte den Obersten Seyburg um die Erlaubniß, ihnen folgen zu dürfen, wozu ich noch von den Seesoldaten einige Freywillige aufrief, die sich auch in großer Anzahl darboten. Der Oberste fand aber für gut, mir nur vier Mann von diesen zu bewilligen, und so marschirten wir ab. Nach einem beschwerlichen Marsch durch dichtverwachsene Dornen, wo uns jeder Schritt Wunden und Risse zuzog, hohlten wir die Jäger eine Meile von der Stadt ein, und bald nachher stießen wir auf dreyzehn neuerrichtete Hütten, wo die Rebellen nur vor kurzem die Nacht zugebracht hatten. Von hieraus schickte ich einen Bothen an den Obersten zurück, mit der Bitte, den Rebellen unverzüglich bis zum Piricafluß nachsetzen zu dürfen, erhielt aber eine abschlägige Antwort, mit dem gemessensten Befehl, augenblicklich zurückzukehren, worauf wir höchst unzufrieden und murrend den Rückmarsch antraten, und bald darauf das Lager erreichten.

Eben war damals eine Verstärkung von sechzig Mann von Jerusalem eingetroffen, und brachte den ausdrücklichen Befehl, sogleich nach dem Pirica aufzubrechen. Um sechs Uhr des andern Morgens war also alles in Bereitschaft, aber durch unerklärliche Verzögerungen dauerte es doch

noch

noch lange, ehe wir zum Marsch kamen, und während dieser Zeit sahe man einen einzelnen Neger in einem Canot über den Fluß setzen, welches vermuthlich der nemliche arme Schelm war, den wir seine Beute abjagten.

Ehe ich weiter fortfahre, muß ich noch einen Zufall erzählen, der mir in dieser Nacht begegnete, und ehe ich die wahre Beschaffenheit desselben kannte, auch ein gewaltiges Schrecken verursachte.

Ich erwachte nemlich um vier Uhr des Morgens in meiner Hangmatte, und erstaunte nicht wenig, als ich mich über und über mit geronnenem Blut bedeckt fand, wobey ich jedoch keine Schmerzen fühlte. Ich sprang sogleich auf, und lief mit einem Feuerbrande in der Hand zum Chirurgus, der sehr zu entschuldigen gewesen wäre, wenn er diese blutige, blasse Gestalt in dem weissen Geistergewande für eine Erscheinung aus jener Welt gehalten hätte. Das Geheimniß klärte sich indessen bald auf, indem der Chirurgus sahe, daß ich von dem Guianischen Vampyr gebissen war. Dieses Thier ist eigentlich eine ungeheure Fledermaus, welche Menschen und Vieh, wenn sie schlafen, das Blut aussaugt, zuweilen so lange, bis sie todt liegen bleiben. Dieses Geschöpf heißt auch das Gespenst oder der fliegende Hund von Neu-Spanien, es nähert sich denjenigen, die es angreifen will, wenn sie schlafen,

setzt

ſetzt ſich zu den Füßen, und indem es mit ſeinen ungeheuern Flügeln ihnen Kühlung zuweht, die den Schlaf befördert, beißt es ein ganz kleines Stück, wie ein Nadelknopf aus der Spitze des großen Zehes, und ſaugt aus dieſer kleinen Wunde das Blut ſo lange, bis es das zu reichlich genoſſene Blut wieder von ſich geben muß, worauf es von neuem anfängt zu ſaugen, und ſo abwechſelnd fortfährt, bis es kaum mehr fliegen kann, und das arme Schlachtofer zuweilen in den Todesſchlaf fällt. Thiere pflegt es gewöhnlich in die Ohren zu beißen, immer aber wählt es eine Stelle, wo das Blut leicht und im Ueberfluß zufließt. Ich ließ mir nunmehr Tobaksaſche in die Wunde reiben, wuſch das Blut von mir und meiner Hangmatte ab, und bemerkte darauf, daß überall an dem Orte, wo ich gelegen hatte, noch Häufchen geronnen Blut auf der Erde lagen, und der Chirurgus ſchloß hieraus, daß ich wenigſtens zwölf bis vierzehn Unzen verloren haben möchte.

Seitdem hatte ich Gelegenheit eines dieſer Thiere zu tödten, und füge hier alſo eine kurze Beſchreibung deſſelben bey. Sein Maaß zwiſchen den beyden äußerſten Flügelſpitzen betrug zwey und dreyßig und einen halben Zoll, zuweilen aber ſollen ſie ſogar über drey Fuß meſſen. Die Farbe war dunkelbraun, beynahe ſchwarz, nur etwas bläſſer unter dem Bauch. Die ganze Geſtalt war wirklich ſcheußlich, vornehmlich aber

der

der Kopf, auf dem sich ein aufrecht stehendes, glänzendes Membran gerade über der Nase befindet, welches sich in eine zusammengeschrumpfte Spitze endigt. Die Ohren sind lang, rund und durchsichtig. Oben hatte es vier Schneidzähne und unten sechs. Es hatte keinen Schwanz sondern nur eine ausgebreitete Haut, und in deren Mitte eine Sehne. An jedem Flügel waren vier Zehen mit scharfen Klauen, die mit Schwimmhäuten unter einander verbunden waren, und an dem äußersten Ende des Flügels, wo die Zehen zusammenlaufen, war wiederum ein Nagel oder eine Klaue, deren es sich bey dem Kriechen bedient, und denen an den Hinterfüßen ähnlich, mit welchen es sich an Bäume, Felsen, Balken u. dgl. hängt, wenn es schläft.

Auf diesen neuen Marsch führte ich mit den Jägern die Avantgarde, und die armen Seesoldaten waren jeder mit Lebensmitteln auf neun Tage versehen. So marschirten wir den ganzen Tag durch Sumpf und Morast, bis wir endlich gegen Abend auf einer Anhöhe campirten, wo kein Tropfen Wasser zu finden war. Endlich gruben wir ein tiefes Loch, das Wasser war aber so dick und trübe, daß wir dasselbe, um es genießbar zu machen, durch unsre Hemdenermel und Halstücher seigern musten. Der Oberstlieutenant Sieburg war hier ganz ungewöhnlich höflich und lud mich zum Essen ein, welches ich mir

nach

nach seinem vorhergehenden Betragen gar nicht erklären konnte.

Den folgenden Tag marschirten wir weiter nach Westen und Nordwesten, und ich commandirte den Nachtrab. Der Regen floß häufig herab, und der Weg ging wiederum durch Sümpfe, wo sich die schwer beladenen Leute sehr mühsam durcharbeiten musten.

Mittlerweile erreichten der commandirende Officier und die übrigen Truppen eine trockne Anhöhe, und entkamen uns ganz aus dem Gesicht, indeß wir nicht allein von den Lebensmitteln und der Munition getrennt waren, sondern auch erwarten musten, eine Beute des Feindes zu werden, wenn er uns in diesem Sumpf angegriffen hätte.

Endlich erreichte ich den festen Boden jenseits des Morastes, wo ich die todten Körper verschiedner rebellischer Neger mit abgehauenen Köpfen und Händen zerstreut umher liegen fand; da diese Leichname noch ganz frisch waren, vermuthete ich, daß sie erst neuerlich in irgend einem Treffen mit denen am Pirica postirten Truppen geblieben seyn musten; und hier konnte ich nicht umhin, nochmals die Betrachtung zu machen, wie vortheilhaft es gewesen wäre, wenn man mir erlaubt hätte, die Rebellen am 21sten mit meinen Jägern nachzusetzen. Wir hätten sie alsdenn zwischen zwey Feuer eingeschlossen, ihnen

alle

alle Beute abgejagt und gewiß eine Menge davon niedergehauen oder auf andere Art erlegt. Meine Leute stachen indeß noch immer im Sumpf, und ich wagte es allein durch den Wald zu gehen, um den Obersten einzuhohlen und ihn zu bitten, ein wenig Halt zu machen, um meinen Leuten das Nachkommen zu erleichtern, indem ich sonst nicht für die Folgen verantwortlich seyn könnte. Ich erhielt aber keinen tröstlichern Bescheid, als daß er campiren würde, sobald er gut Wasser gefunden hätte, worauf ich zu meinen Leuten zurückkehrte, und nach unsäglichen Schwierigkeiten in der vollständigsten Dunkelheit und größten Gefahr gelang es uns endlich nach sieben Uhr den letzten Mann aus dem Sumpf zu ziehen, worauf wir langsam nach dem Lager zu marschirten.

Ich hatte mir geschmeichelt, daß man die Sorgfalt für meine Mannschaft mir zum Verdienst anrechnen würde; ich fand mich aber sehr betrogen, denn sobald ich in dem Lager ankam, ward ich unter Arrest gelegt, und zum Kriegsrecht wegen Mangel an Subordination verurtheilt. Ich begrif durchaus nicht, wie man mir ein solches Verbrechen aufbürden könnte, da aber widerstreben hier nichts fruchten konnte, unterwarf ich mich gelassen meinem Schicksal.

Den

Den 24sten setzten wir unsern Marsch weiter fort, auf dem ich, ungeachtet meines Arrestes, mein Gewehr selbst tragen muste.

Den folgenden Tag ging unser Weg wieder nach Südwesten, und hier begegnete mir ein Zufall, der sehr leicht die traurigsten Folgen hätte haben können. Wir waren wiederum durch einen tiefen Sumpf gekommen, und hatten nachher eine Anhöhe erreicht; hier blieb ich von Müdigkeit erschöpft und in traurige Betrachtungen über meine jetzige Lage vertieft, allmählig zurück, bis ich zuletzt die Spur der Truppen ganz verlor, und mich in einem unwegsamen Walde allein erblickte. Man stelle sich mein Schrecken vor, als ich meinen Zustand gewahr ward; vor wenigen Stunden hatte ich mich für höchst unglücklich gehalten, wie sehnlich wünschte ich mich aber jetzt in meine vormalige Lage zurück. Allein, von der ganzen Welt verlassen, in einem undurchdringlichen Dickigt, wo der Regen in Strömen herabstürzte, wo ich jeden Augenblick erwarten muste, von wütenden Tigern oder noch wildern Negern zerfleischt zu werden, und auf ewig von meiner Johanna getrennt! In der äußersten Muthlosigkeit und Verzweiflung, die alle diese Vorstellungen erregten, setzte ich mich unter einem Baum, unfähig, nur das geringste zu meiner Rettung zu versuchen. Ein Geräusch, das ich in dem Gesträuch hörte, und der Anblick meines Knaben

Qua-

Quaco, der sich durch die Büsche zu mir drängte, weckte mich mit einemmale aus meiner Betäubung und gab mir wieder neues Leben und neuen Muth. Dieser treue Knabe hatte mich nicht sobald vermißt, als er sogleich sein eignes Leben auf das Spiel setzte, um mich in dieser unwegsamen Wildniß aufzusuchen, welches ihm auch unerwarteter Weise gelungen war. Wir irrten nun gemeinschaftlich hin und her, um irgend die Spur eines Weges zu entdecken, und ich glaubte auch schon sie gefunden zu haben, als ich ein Wasser bemerkte, wo, nach dem getrübten, aufgerührten Sumpf zu urtheilen, die Truppen vielleicht durchgekommen waren. Quaco aber fing an zu weinen und rief: wir sind des Todes! indem er mir die Spur eines Tapirs zeigte, und versicherte, dieses Thier habe das Wasser aufgerührt. Ich verlor aber nicht den Muth, und da ich mich erinnerte, daß sich der Fluß Pirica nothwendig gegen Westen von uns befinden müsse, beschloß ich, gerade darauf loszugehen; hier entdeckte ich aber eine andre Schwierigkeit, und es fand sich, daß mein Compas bey den übrigen Sachen geblieben war, und bey dem starken Regen war an keinen Sonnenblick zu denken. Dem Knaben fiel indessen ein, daß an der Südseite die Rinde der Bäume gewöhnlich glätter, als an der andern wäre. Wir wanderten also getrost fort, unter der Leitung dieser Winke, bis wir

ends

endlich von Hunger und Müdigkeit erschöpft uns hinsetzten, und voll Verzweiflung einander, als ein Paar dem Verderben gewidmete Schlachtopfer, anstarrten. Mitten in dieser trostlosen Stille drang ein Geräusch wie Husten und Klirren von Gewehren durch den Wald, und dem Himmel sey Dank, es waren unsre Truppen, die eben in der Nähe eines alten Rebellenwohnsitzes ausruhten. Wie glücklich ich mich bey dieser Wiedervereinigung fühlte, läßt sich nicht beschreiben; auch die Officiere bezeigten das lebhafteste Vergnügen über meine Wiederkunft, und bewirtheten mich auf das beste mit dem, was sie in ihrem Vermögen hatten, und nach vollendeter Ruhe ging der Marsch weiter fort.

Die folgende Nacht brachten wir mitten in einem Sumpf zu, die Soldaten in ihren Hangmatten in den Bäumen, und die Sklaven auf Flössen, die sie in der Geschwindigkeit verfertigten, um nicht samt dem Gepäcke zu versinken. Den 26sten hatten wir wieder einen äußerst mühsamen Marsch, und erreichten endlich den alten Vereinigungspfad, auf dem ich ehedem, als ich am Cottica commandirte, die Spur der Rebellen gefunden hatte.

Endlich, den 27sten, erreichten wir den Piricafluß, und an demselben die Plantage Soribo. Dieser Fluß ist mit allen seinen Krümmen wenigstens sechzig englische Meilen lang; er ist
zwar

zwar nur schmal aber von beträchtlicher Tiefe, und an seinen Ufern liegen eine Menge schöner Plantagen. Sein Lauf ist hauptsächlich von Südwesten nach Nordwesten.

Wir waren kaum an diesem Posten angelangt, als verschiedene Emissarien des Obersten Sieburg sich bey mir einfanden und dringend baten, ich möchte nur gestehen, gefehlt zu haben, und alsdenn sollte ich sogleich in Freyheit gesetzt, und alles vergessen werden. Ich verwarf aber ihre Vorschläge durchaus, da ich mir sehr wohl bewußt war, daß mein ganzes Verbrechen in einer zu ängstlichen Besorgniß für das Wohl der mir anvertrauten Mannschaft bestanden hatte, wofür ich eher Lob als Tadel verdiente. Man gab mir daher eine Schildwache und nahm mir meinen Degen, um mich, wie man sagte, für meine Hartnäckigkeit zu bestrafen. Nunmehr aber mischten sich die Seesoldaten in den Handel, und drohten laut, mich zu befreyen. Ich hatte wirklich alle Mühe von der Welt, sie zurückzuhalten, indem ich ihnen die Verpflichtung des Gehorsams auf jeden Fall vorstellte, und sie versicherte, ich würde der erste seyn, mich thätig gegen sie zu beweisen, wofern sie nicht ruhig blieben.

Den folgenden Tag erhielten wir genaue Nachrichten von den hier neuerlich vorgefallenen Begebenheiten; die Rebellen, die wir von Gado

Saby vertrieben hatten, waren den 20sten auf den Plantagen Schonhoven und Altona gewesen, und hatten solche ausgeplündert; von der Plantage Pulwyk aber waren sie durch die Sklaven zurückgeschlagen worden; den 21sten setzten ihnen die zu Hagenbos postirten Jäger nach, holten sie den 23sten ein, tödteten verschiedene und nahmen ihnen den grösten Theil der Beute wieder ab. Mittlerweile hatte eine andre Parthey Rebellen einen Versuch gemacht, in Abwesenheit der Jäger, sich des Pulvermagazins zu Hagenbos zu bemächtigen, der aber durch den Muth einiger zurückgebliebenen bewaffneten Sklaven vereitelt wurde. Einer von diesen nahm einen Rebellen eigenhändig gefangen, und entdeckte nachher ihr Lager hinter der Plantage seines Herrn, wofür er reichlich belohnt wurde. Aus allen diesen Nachrichten ersahen wir, daß die todten Körper, die wir den 23sten gefunden hatten, die nemlichen an diesem Tage erschlagenen waren.

Den 30sten September brachen wir wieder aus dieser Gegend auf, wo es für uns nichts weiter zu thun gab, und kamen den 1sten Oktober sehr ermüdet in der Teufelsherberge an.

Ich hatte den Tag zuvor an den Obersten Fourgeoud geschrieben, und ihn gebeten, sogleich ein Kriegsrecht zu veranstalten, weil ich, bey den damaligen Umständen, meines Lebens überdrüßig war, und nichts sehnlicher wünschte, als die Entscheidung meines Schicksals. Diesen Brief hatte ich durch einen Sklaven fortgeschickt, und fand nun, daß man alle ersinnliche Mittel anwandte, um mich mürbe zu machen, und durch Härte zum Nachgeben zu zwingen.

Endlich aber fühlte der Oberste, da alle Versuche fruchtlos blieben, daß er unrecht hatte, und wünschte nur eine bequeme Gelegenheit, um sich mit Ehren zurückziehen zu können. Zu diesem Ende kam er am 2ten Oktober mit einem freundlichen Gesicht zu mir und fragte: ob ich geneigt wäre zu vergessen und zu vergeben? worauf ich mit finsterm Blick, Nein! erwiederte; er wiederholte hierauf seine Frage, und ich sagte ihm, ich ehrte die Wahrheit, und würde mich nie für schuldig erkennen, wenn mein Gewissen mich nicht dafür erklärte, am wenigsten ihm zu gefallen. Er ergriff nunmehr meine Hand, bat, ich möchte mich besänftigen, und erklärte, er wünschte sich unter jeder Bedingung mit mir auszusöhnen; ich zog aber meine Hand mit Verachtung aus der seinigen, und versicherte auf das bestimmteste: ich würde mich zu keinem Vergleich verstehen, wenn er nicht in Gegenwart aller seiner Officiere gestünde, daß er gefehlt habe, und mit eignen Händen jedes Blatt aus seinem Journal risse, welches das geringste zum Nachtheil meines Charakters enthielte. Auch dieses ließ er sich gefallen,

die

die Journale wurden herbeygehohlt und zerstückelt, mein Degen ward mir wieder zugestellt, und meinem Triumph mangelte nicht ein einziger schmeichelhafter Umstand. Nunmehr reichte ich den Obersten mit dem aufrichtigsten Herzen meine Hand, der unserer Versöhnung zu Ehren ein Fest gab, und nach Tische zu meinem grösten Erstaunen meinen Brief an den Obersten Fourgeoud zum Vorschein brachte, den er aufgefangen hatte, um weitere Händel zu verhüten. Ich erfuhr auch jetzt von ihm, daß Fourgeoud am Wanabach campire, wo er an der Stelle des Oberstlieutenant de Borgues, der krank geworden war, das Commando übernommen hätte.

Den 4ten verließen wir nunmehr die Teufelsherberge, um uns nach dem Hauptquartier Jerusalem zu verfügen, meinen armen Quaco aber muste ich sehr krank zurücklassen, und so erreichten wir nach einem zweytägigen Marsch den Ort unsrer Bestimmung.

Fünftes Kapitel.

Den 9ten Oktober 1775 verließ der Oberste Fourgeoud das Lager am Wanabach, um bey Jerusalem zu uns zu stoßen, nachdem er die Hälfte seiner Leute krank zu Wasser weggeschickt hatte; die Anzahl dieser Invaliden wurde durch die Kranken bey uns noch sehr verstärkt, und alle zusammen wurden nun nach dem Hospital in der Teufelsherberge abgefertigt, um dort einen Laufzettel für die Ewigkeit zu erhalten. Die Jäger nahmen jetzt auch mit ihren Anführer Abschied, um den Piricafluß zu besetzen.

Während seinem letzten Streifzuge hatte Fourgeoud hundert verlaßne Häuser der Rebellen entdeckt, auch einzelne Herumläufer gesehen, aber keinen gefangen.

Den 13ten kam mein guter Quaco völlig wieder hergestellt zu mir, welches eine nicht geringe Freude war, da ich ihn wegen seiner Treue und unwandelbaren Anhänglichkeit sehr werth hielt. Zugleich mit ihm kam die Nachricht, daß Capitain Stulmann mit einigen Jägern eine neue Niederlassung der Rebellen, vermittelst eines großen Rauches im Walde entdeckt, aber noch nicht angegriffen habe, daß Capitain Friderici die Gegend an der See unterhalb Paramaribo durchstreife; daß die beyden Leute, die wir den 18ten August verloren, sich wunderbarerweise gerettet, und nach dem Posten am Marawina gekommen, und endlich, daß zwölf schöne Neger eben von der Goldbergwerksplantage zu den Rebellen übergegangen wären.

Diese Nachrichten zusammen brachten den Alten dermaßen auf, daß er von neuem den Entschluß faßte, den Rebellen nachzustellen, und nicht eher zu ruhen, bis sie ausgerottet wären. Wir

gin-

gingen also den 15ten früh wieder in die Wälder, obgleich seine kleine Armee sehr zusammen geschmolzen war, und wir nur den Abend zuvor einen Volontair begraben hatten. Der Tod war uns aber jetzt so gleichgültig, daß wenn einer einen Freund oder Verwandten verlor, gewöhnlich zuerst die Frage entstand: hat er auch Brandwein, Rum oder Tabak hinterlassen? Der Mangel an diesen und allen andern Bedürfnissen war auch so groß, daß kurz vor unserm Aufbruch sieben unsrer Sklaven entliefen, und ganz verhungert und entkräftet zu ihren Herren zurückkehrten.

Den 16ten stießen wir auf die Rebellenwohnungen, welche Fourgeoud kurz vorher entdeckt hatte, die aber leer standen, indem die Rebellen sie auf eine kurze Zeit errichtet hatten, als sie Gado Saby verlassen musten.

Hier brachte mir ein Sklave eine Landschildkröte, die ich kürzlich hier beschreiben will. Dieses Thier ist in Surinam höchstens achtzehn bis zwanzig Zoll lang, und von länglicher Gestalt. Die Schaale ist mehr convex, als bey der Seeschildkröte, und mit dreyzehn erhabenen sechseckichten Schilden besetzt, von gelber und dunkelbrauner Farbe, und von einer solchen Härte, daß man sie beynahe nicht zerschlagen kann. Die Unterschaale ist etwas gebogen und von hellgelber Farbe. Der Kopf ist wie bey allen andern Schildkröten, der Schwanz kurz und unbedeckt, und statt der Floß-
fe-

federn oder Schwimmhäute hat sie vier mit Schuppen bedeckte und mit scharfen Klauen besetzte Beine. Sobald dieses Thier einige Gefahr ahndet, kriecht es in seine Schaale hinein, und in diesem Zustande legen es die Wilden auf das Feuer, wo sie es rösten, bis es gar ist, welches sie daran erkennen, daß die untere Schaale sich ablöset, die sie denn als Schüssel gebrauchen, um das Gericht aufzutragen. Ich ließ ihm aber immer zuerst den Kopf abschneiden, um es nicht so lange zu quälen. Ich habe gesehen, daß verschiedene Leute diese Thiere mehrere Monate lang hielten, ohne ihnen irgend einige Nahrung zu reichen, und doch blieben sie dabey munter und frisch, und sogar aufgelegt, sich zu begatten.

Den 17ten ging unser Marsch nach Norden und Nordosten, und an diesem Tage kamen wir bey mehreren Ameisenhaufen vorbey, die wenigstens sechs Fuß Höhe, und ohne Uebertreibung hundert Fuß im Umfange hatten. Den 18ten fanden wir einen gebahnten Fußsteig, der mit einem Umweg die vorhinerwähnten Negerwohnungen und Gado Saby zu verbinden schien. Auf diesem Wege entdeckte ich einen armen Negerrebellen, der nur aus Knochen und Haut bestand, und kaum noch athmete. Er war mit Zweigen des Manicolebaums bedeckt, und eines von seinen Augen war ihm beynahe aus dem Kopf geschlagen. Ich hielt ihm meine Flasche mit Brandwein

wein und Wasser an den Mund, und nachdem er einige wenige Tropfen verschluckt hatte, sagte er mit kaum hörbarer Stimme: ich danke Herr! Fourgeoud befahl, ihn in einer Hangmatte mitzunehmen, und bald nachher campirten wir dicht bey einem Sumpf. An diesem Tage sahen wir viele Cokusbäume, die achtzig bis hundert Fuß hoch und außerordentlich dick waren. Der Stamm ist von grauer Farbe, vollkommen gerade, und bis oben zu ohne Zweige. Es ist unmöglich, sich einen schönern Baum zu denken. Das Holz ist von schöner Zimmetfarbe und besitzt alle Eigenschaften, die man fordern kann, Schwere, Politur, Dichtigkeit und Dauer; vorzüglich merkwürdig aber waren uns die Saamenkörner, die drey bis vier beysammen in breiten, hellbraunen Hülsen eingeschlossen, in großer Menge am Fuß der Bäume lagen, und beynahe wie Honigkuchen schmeckten. Aus den Wurzeln dieses Baums quillt ein Harz, welches, gehörig zubereitet, einen vortreflichen Firniß giebt, der an Durchsichtigkeit und Feinheit den Vorzug vor jedem andern bisher bekannten hat.

Es giebt in der That unzählige schöne nutzbare Bäume in diesem Lande, die man für die bloße Mühe des Fällens haben kann, wenn man aber bedenkt, wie weit sie gewöhnlich von schiffbaren Flüssen wachsen, welche Arbeit es erfordert, sie zu fällen und zu behauen, wie viel Sklaven

dazu

dazu gehören, sie durch die Wälder zu schleppen, wo man sich keiner Pferde bedienen kann, die Gefahr und den Zeitaufwand dazu gerechnet, so begreift man den ungeheuern Preis des guten Nutzholzes in Guiana sehr leicht.

Auf diesem Marsch sahen wir überall die bezaubernsten Gegenden und Aussichten, die sich die romantische Einbildungskraft nur immer vorstellen kann, indem die trockne Jahreszeit nicht wenig dazu beytrug, alle Gegenstände zu verschönern, und der ganz einfachen Natur Reize lieh, welche alle Zauberkraft der Kunst nie hervorbringen kann. Bald befanden wir uns auf weitläuftigen Wiesen, die mit dem frischesten Grün prangten, durch welches sich unzählige kleine Bäche, hell und rein wie Crystall, rieselten, deren Ufer mit tausend Blumen von den glänzendsten Farben und dem lieblichsten Duft geschmückt waren. Hin und wieder sahe man kleine Gebüsche von blühenden Gesträuchen, oder einzelne Bäume von so auserlesener Schönheit und mahlerischer Gestalt, daß man nicht umhin konnte, zu glauben, man hätte sie mit Fleiß stehen lassen, um das Ganze zu verschönern; rings umher aber zog sich ein ungeheurer Wald von hohen Palmbäumen, deren Meergrüne Wipfel über dem abwechselnden Gemisch von frischem Laub, Blüthen und Früchten des Unterholzes rauschten, und den müden Wandrer in ihre Schatten zu laden schienen, pen, um sich in den kühlen Abendstunden in der erquickenden Fluth zu stärken, und in ruhiger Stille an den Schönheiten der Natur zu weiden. Ach wie oft habe ich hier, wenn um mich her das tiefste Schweigen herrschte, an meine Freundin gedacht, und gewünscht, mit ihr in diesen elysäischen Feldern allein und unbekannt durch das Leben zu schlüpfen! Eitler Wunsch, den die Vernunft zu nähren verbot!

Den 19ten setzten wir unsern Marsch fort, und fanden unsern ehemaligen Weg, dem wir folgten, und bald die Felder von Gado Saby erreichten, die wieder mit Reis, in der schönsten Blüthe, bedeckt waren; diesen schnitten wir ab, und verbrannten ihn, worauf wir unsre Hangmatten zu unserm Nachtlager bereiteten, von dem Rauch der brennenden Felder aber beynahe erstickt wurden. Der arme Negerrebelle befand sich jetzt so übel, daß wir ihn zurücklassen mußten, und um ihn nicht ganz lebendig zu begraben, bedeckten wir ihn mit Moos, Blättern und Zweigen, und überließen ihn der Vorsehung.

Den 20sten marschirten wir nach Confay, und da ich bemerkte, daß der arme Neger noch lebte, ward er auf meine dringende Bitte noch einmal mitgenommen; die Sclaven aber, denen dies zur Last fiel, benutzten jede Gelegenheit, in meiner Abwesenheit ihn zu quälen, indem sie ihn an Wurzeln und Stämme stießen, und durch Koth und

und Waſſer ſchleppten. Verſchiedne Patrollen, die hier nach allen Seiten ausgeſchickt wurden, entdeckten wiederum vier ſchöne Felder mit Caſſawa, Yams, Piſangs, Piſtacien, Maiz und Erbſen oder Wicken ſorgfältig angebaut. Dieſe wurden am folgenden Tage alle umgehauen und verbrannt, worauf wir nach unſerm Lager zurückkehrten, und es gleichfalls in hellen Flammen fanden, denn das Feuer hatte um ſich gegriffen, und wir wurden genöthigt, unſre Hangmatten an der öſtlichen Seite des Waldes zu befeſtigen. Hier fiel mir ein, daß der arme ſterbende Neger allein zurückgeblieben war, und ich eilte alſo abermals nach der Weſtſeite des Waldes, um wo möglich, ihn zu retten; nachdem ich ihn aber vergebens in der dickſten Finſterniß, und mit Wolken von Dampf umgeben, geſucht hatte, nöthigte mich die Sorge für meine eigne Sicherheit, zu meinen Cameraden zurückzukehren, von denen einige meine Verwegenheit tadelten, und andre das Gerippe, es ſey tod oder lebendig, in den Abgrund verfluchten.

Nachdem wir dieſe vollſtändige Verwüſtung angeſtellt hatten, marſchirten wir wieder nach Jeruſalem, wo wir den 24ſten ganz erſchöpft ankamen, und der Oberſte ſo krank an einem hitzigen Fieber darnieder lag, daß wir kaum glaubten, er würde die Nacht überleben. Seine gewöhnliche Härte verließ ihn aber dennoch nicht,
und

und am andern Morgen befahl er, einen Soldaten auszuprügeln, weil er sich unterstanden hatte, um Schuhe zu bitten, obgleich er barfuß und seine Füße überall wund waren; eine ähnliche Strafe ward einem andern zuerkannt, der ihn durch sein Husten gestört hatte, und ein Capitain ward des Dienstes entlassen, und nach Fort Seelandia geschickt, weil er um die Erlaubniß, sich zu verheirathen, angehalten hatte. Um unser Elend noch vollständiger zu machen, sahe man überall im Lager Krankheit und Tod und die schrecklichste Unordnung.

Den 1sten November entliefen überdem noch 25 Negersklaven, und unter diesen Umständen brachte man uns die Nachricht, daß man funfzig bewafnete Rebellen über den Cotticafluß, einen Flintenschuß oberhalb Barbacuba, habe schwimmen gesehen.

Die wenigen Leute, die noch im Stande waren, Dienste zu thun, wurden jetzt unter dem Obersten Seyburg detaschirt, um den Rebellen nachzusetzen, obgleich Hunger und Noth, und vorzüglich der Mangel an Tabak, an dessen Stelle sie Blätter, grau Papier und Leder gebrauchten, sie beynahe zur Verzweiflung brachten, und viele gegen ihre Officiere sehr aufsätzig wurden.

Ich befand mich in einer eben so traurigen Lage, als alle übrigen, ohne Kleider und ohne Lebensmittel, mit einem offnen, eiternden Scha=

Schaden an einem Fuß, seit dem Hinterhalt am Pirica, ohne einen Freund im Lager, der mir die geringste Hülfe leisten konnte, und durch den zweymal wiederhohlten Besuch eines Vampyr so an Blut erschöpft, daß ich ohnmächtig in meiner Hangmatte liegen blieb, und ungern zum Leben erwachte, dazu brachte mir ein Brief die Nachricht, daß Johanna und ihr Knabe tödtlich krank an einem Faulfieber darnieder lägen.

Der Oberste Seyburg kam denselben Abend mit seinen Leuten zurück, ohne irgend etwas gesehen zu haben.

Den 14ten befand sich der Oberste Fourgeoud so schlecht, daß er sich endlich genöthigt sahe, das Commando einem andern zu übertragen. Er ließ sich auch nach Paramaribo bringen, um seine Gesundheit herzustellen. Nachdem er also den grösten Theil seiner Leute aufgeopfert hatte, ward er endlich selbst das Opfer seines grenzenlosen Ehrgeizes und seines unbiegsamen Eigensinns, da etwas mehr Schonung und ein besserer Unterhalt der Leute ihn in den Stand gesetzt hätte, der Colonie eben so große, wo nicht weit größere Dienste zu leisten, und dem grösten Theil seiner Mannschaft das Leben zu erhalten.

Der Oberstlieutenant übernahm jetzt das Commando der noch übrigen Mannschaft, und an eben dem Abend, gleich, nachdem die Barke abge gegangen war, welche den Alten nach der Stadt brachte, ward dieser von der nemlichen Krankheit angegriffen, die überhaupt sehr allgemein unter uns war, und mit auf Rechnung der brennenden Hitze gesetzt werden muste. Wir waren mitten in der trocknen Jahreszeit, wo wir eigentlich hätten in den Wäldern seyn müßen, wozu man unglücklicher Weise aber immer die Regenzeit wählte.

Den 19ten wurde mein Fuß so schlimm, daß der Chirurgus mich für unfähig zum Dienst erklärte, demungeachtet dachte man nicht daran, mich nach Paramaribo abgehen zu lassen, und mein Stolz erlaubte mir nicht, darum anzuhalten.

Den 20sten kam ein Vorrath von Lebensmitteln an, und zugleich trafen neue Sklaven und frische Mannschaft ein, worauf der Major Medlar mit hundert und funfzig Mann detaschirt wurde, die Gegend zu recognosciren.

Zu den andern Uebeln, welche uns jetzt quälten, gesellte sich noch ein neues, nemlich ganze Schaaren von Heuschrecken, die das Lager bedeckten. Diese Thiere, welche zwey Zoll lang, braun von Farbe waren, flogen nicht, krochen aber bey Tausenden umher, und bedeckten bey Tage unsre Sessel, Lager und Tische, ja sogar unsre Schüsseln, eben wie jene egyptische Landplage, und des Nachts ließen sie uns nicht ruhen,

hen, indem sie uns Dutzendweis im Gesicht herumkrabbelten.

Das einzige Gute, was wir zu Jerusalem genossen, war ein Ueberfluß von schmackhaften Fischen, von verschiednen Gattungen, die uns bey unserm gewöhnlichen Mangel an Lebensmitteln die besten Dienste thaten.

Den 3ten December kam der Major Medlar mit seinem Detaschement nach einer vierzehntägigen Abwesenheit zurück, und brachte ein Negerweib mit ihrem Sohn, einem achtjährigen Knaben, gefangen mit; er hatte beyde in einem kleinen Felde bittrer Cassawa gefunden, und dabey unglücklicherweise zwey seiner besten Leute eingebüßt, die ohne gehörige Vorsicht einige Wurzeln jener Cassawa genossen hatten, und in derselben Nacht an den schrecklichsten Schmerzen gestorben waren. Man glaubt, daß Cayenne Pfeffer und Brandwein in diesem Fall ein kräftiges Gegenmittel sey, zum Unglück war jetzt weder das eine noch das andre bey uns zu haben.

Das arme Weib war schwanger und voll der ängstlichsten Besorgnisse, der Major Medlar aber sprach ihr Muth ein, und begegnete ihr mit vieler Güte, wie er sich denn auch immer als ein menschenfreundlicher, wohldenkender Mann bezeigte.

Sie bestätigte die Nachricht, daß Bonny verwundet sey, und erzählte, daß er sehr strenge

Manns=

Mannszucht hielte, und daß er nur zwey Tage vor der Einnahme von Gadosaby zwey seiner Leute habe hinrichten lassen, blos weil man sie im Verdacht hatte, daß sie einige Worte zum besten der Europäer hätten fallen lassen. Sie erzählte ferner, daß Bonny keinem seiner Leute Waffen anvertraue, der ihm nicht vorher einige Jahrelang als Sklave gedient, und die unzweydeutigsten Beweise von Treue und Entschlossenheit abgelegt hätte. Von dieser Anzahl gäbe es auch verhältnißmäßig nur wenige im Vergleich mit seinen zahlreichen Vasallen, die verbunden wären, alles was er ihnen beföhle, ohne Murren zu verrichten; dennoch setzte sie hinzu, würde er doch weit mehr geliebt als gefürchtet, wegen seiner unwandelbaren Gerechtigkeit, und seines männlichen Muthes.

Den 4ten December ward das arme Weib nebst ihrem Knaben, unter Aufsicht eines Fähndrichs nach Paramaribo geschickt, und da vor Gericht erwiesen wurde, daß sie die Rebellen, zwar vor vielen Jahren, dennoch gewaltsam weggeführt hatten, so ward sie begnadigt, und kehrte voller Freuden zu der Plantage ihres ehemaligen Herrn mit ihrem Kinde zurück. Merkwürdig ist, daß dieser Knabe bey dem ersten Anblick einer Kuh vor Schrecken beynahe in Zuckungen fiel, auch konnte er durchaus nicht leiden, daß ein weißer Mensch ihn berührte, indem er dergleichen

chen nie zuvor gesehen hatte, und sie alle Yorica
nannte, welches in seiner Sprache der Teufel be=
deutet.

Um diese Zeit schwamm eine todte Seekuh
oder Manati bey unserm Lager zu Jerusalem vor=
bey, und die Neger sammelten sich sogleich um
dieselbe herum, wie die Krähen um ein Aas, und
jeder schnitt einen tüchtigen Fetzen davon für
sein Mittagsmahl herunter. Endlich schleppten
sie den todten Körper gar ans Ufer, und ich
benutzte diese Gelegenheit, um das Thier zu
zeichnen. Es war ein beynahe ganz unförmli=
cher Fettklumpen, von sechszehn Fuß lang, der
nach hintenzu allmählig in einem breiten fleischich=
ten Schwanz endigte. Es hatte einen runden,
dicken Kopf, eine platte Schnauze, große Naslö=
cher, starke Borsten an Nase und Kinn, kleine
Augen und statt der Ohren bloße Gehörlöcher.
Nahe bey dem Kopfe sind zwey Auswüchse oder
fleischichte Floßfedern, deren es sich zum Schwim=
men bedient, wie auch auf eine ungeschickte Art
nach den Stellen am Ufer des Flusses zu watscheln,
wo Gras zu seiner Nahrung steht. Die Farbe
des Thieres ist grünlich schwarz, die Haut hart
und ungleich, mit großen knolligen Auswüchsen
und kreisförmigen Falten bedeckt, und hin und
wieder mit einzeln stehenden Haaren oder viel=
mehr Borsten bestreut. Es hatte keine Vor=
der- sondern bloß Mahlzähne (Grinders) und
eine

eine sehr kurze Zunge. Die Seekuh wirft lebendige Junge, wie der Wallfisch, und säugt sie ebenfalls wie dieser. Sie sollen sich häufig in dem Amazonenfluß aufhalten, und ihr Fleisch soll an Geschmack viel Aehnlichkeit mit dem Kalbfleisch haben, das von diesem Thier war aber zu weit in Fäulniß übergegangen, als daß ich mich hätte überwinden können, es zu kosten. Es hatte zwey Schußwunden, die es wahrscheinlich von den Rebellen bekommen hatte.

Da ich eben jetzt von Gegenständen der Naturgeschichte handle, will ich noch kürzlich eines andern großen Thieres Erwähnung thun, nemlich des Tapir, der eine entfernte Aehnlichkeit mit dem Hippopotamus der alten Welt hat, aber weit kleiner ist. Dieses Thier ist etwa von der Größe eines kleinen Esels, aber weit ungeschickter gebaut. Der Kopf gleicht einigermaßen dem eines Pferdes, die Oberlippe aber ist weit länger, und vorstehend und beweglich, beynahe wie der Rüssel des Elephanten. Die Ohren sind kurz, die Haujähne stark und zuweilen sichtbar. Es hat eine aufrechtstehende borstige Mähne, und einen kurzen, dicken Schwanz. Die Haut dieses Thieres ist übermäßig dick, von brauner Farbe, und so lange das Thier jung ist, mit Reihen weißer Flecken besetzt; es nährt sich von Grasarten, die an feuchten, sumpfichten Orten wachsen, und ist so scheu, daß es sich bey dem kleinsten Gerausch in das Wasser verbirgt, wo es eine ziemlich lange Zeit aushalten kann. Das Fleisch soll ganz vorzüglich von Geschmack, und weit delikater als das beste Rindfleisch seyn.

Ich habe vorhin gesagt, daß der Wundarzt erklärt hatte, ich sey wegen meines beschädigten Beins vor der Hand zum Dienst untüchtig. Den 5ten December aber ward ein andrer Chirurgus mit zwey Capitains und dem Adjutanten abgeschickt, um sowohl mich als einen gewissen Capitain Perret nochmals zu besichtigen; ungeachtet nun dieser eidlich aussagte, wir wären beyde außer Stande, ohne Gefahr zu gehen, geschweige irgend Beschwerden zu ertragen, so befahl dennoch Seyburg, der vermuthlich in der Fieberhitze phantasierte, daß wir sogleich in die Wälder einrücken sollten, wenn er uns auch auf einer Schubkarre sollte hinfahren lassen. Der arme Capitain Perret verließ, durch diese Drohung geschreckt, seine Hangmatte, obgleich er wie ein Gespenst aussahe und kaum allein stehen konnte; ich versicherte aber feyerlich, ich würde dem ersten, der es wagte, mich anzurühren, eine Kugel durch den Kopf jagen, und erhielt zur Strafe für diese Aeußerung eine Schildwache, die mich auf das genaueste bewachen muste.

Den 11ten erhielten wir Nachricht, daß man eine Parthey gewaffneter Rebellen gerade gegenüber der Teufelsherberge gesehen hätte, die

sich

sich von den Comawinafluſſe zurückzogen, wo ſie das Wohnhaus des Guthes Killeſtyn nowa, nebſt dem Oberaufſeher deſſelben verbrannt, dreyßig Weiber gefangen weggeführt, und einem Mulattokinde das Geſchlechtsglied abgehauen hatten, um ſich an ſeinem Vater zu rächen. Die Jäger am Pirica folgten ihrer Spur.

Nachdem ich nunmehr vier Monate lang Hunger gelitten hatte, kamen endlich meine Vorräthe von allerley Lebensmitteln an, von denen aber drey Viertel von den Kakerlaken aufgefreſſen oder verdorben waren. Ich theilte den Reſt unter die Kranken aus, und begnügte mich mit der erfreulichen Nachricht, die ich zugleich erhielt, daß Johanna und Hänschen außer aller Gefahr wären. Dieſe Nachricht wirkte in der That dermaßen auf meine Lebensgeiſter, daß ich mich am andern Morgen für dienſtfähig erklärte, obgleich ich wirklich noch in ſehr bedenklichen Umſtänden war. Der Wunſch, die freye Luft zu genießen, deren man mich in meinem Verhaft ganz beraubte, und die mir ſo unumgänglich nöthig war, hatte indeſſen auch einigen Theil an dieſer Erklärung.

Der Oberſte Fourgeoud, der ſich jetzt viel beſſer befand, ſandte uns um dieſe Zeit Befehl, unſer Lager in Jeruſalem abzubrechen, und wieder nach dem Wanabach zu marſchieren. Zu dem Ende ſchickte man die Kranken vorher zu Waſſer

F 2 nach

nach dem Hospital in der Teufelsherberge, welches ohnehin schon angefüllt genug war; das vornehmste Uebel unter den Kranken war jetzt eine außerordentliche Härte und Geschwulst des Unterleibes, welches, wie man sagt, entstehen soll, wenn die Leute trübes, modriges Wasser ohne Brandwein trinken, welches leider unser tägliches allgemeines Getränk war.

Den 22sten traten wir unsern Marsch an, und arbeiteten uns durch einen Sumpf längst den Ufern des Cormotibebaches hindurch. An diesem Tage sahen wir wieder viele Pingos oder wilde Schweine, die, wie gewöhnlich, mitten durch unsre Glieder liefen, und von denen eine beträchtliche Anzahl erlegt wurde.

Dieser Marsch war wegen der heftigen Regengüsse, die nunmehr in Strömen von Himmel stürzten, und die Ufer aller Flüsse überschwemmten, vorzüglich beschwerlich; auch war wegen der vielen Feuchtigkeiten die Luft des Morgens so kühl, daß wir oft zitternd wie im Fieberfrost in unsern Hangmatten lagen, vornehmlich wenn wir feuchte Kleider anhatten. Diesem Uebel vorzubauen, ging ich auf dem Marsch halbnackend, wie die schwarzen Jäger, und verbarg mein Hemde während dem Regen unter einem umgestülpten Kessel; wenn nun der Guß vorüber war, trocknete die Haut bald ab, und dann zog ich mein Hemde wieder an, und befand mich

mich bey diesem Verfahren weit besser, als meine bleichen, zitternden Kameraden.

In den drey folgenden Tagen setzten wir unsern Marsch unter beständigen Regengüssen weiter fort, und den 26sten campirten wir an einem kleinen Bach, welcher der Jawabach genannt wurde, drey Meilen unterhalb des Wana.

Ich ward hier mit einer kleinen Parthey detaschirt, um unsre alten Lagerstellen am Wana zu rekognosciren, wir kehrten aber am Abend zurück, ohne irgend etwas, außer einige fremde Vögel und Bäume gesehen zu haben.

Die Bäume waren von zweyerley Art, und wurden von den Negern Mataky und Markury genannt. Ersterer ist wegen seiner Wurzeln merkwürdig, die sich auf eine so besondre Art über der Erde ausbreiten, daß zwanzig Menschen sich mit einander zwischen ihnen verbergen können. Ja sie sind zuweilen so groß, daß ein Mann zu Pferde durch die Zwischenräume derselben hindurch reiten kann, und aus einem einzigen Stück einer solchen Wurzel kann man einen Tisch für zwölf Personen machen.

Der andre Baum, Markury genannt, ist furchtbar wegen seiner giftigen Beschaffenheit. Dieses Gift ist von einer so geistigen Art, daß es sogar gefährlich ist, den Rauch einzuathmen, der von dem verbrannten Holz aufsteigt. Der Baum selbst wächst beständig ganz allein, indem seine

Aus-

Ausdünstungen alles tödten, was ihm nahe ist; die Sklaven auf den Plantagen weigern sich sogar, ihn zu fällen, weil seine Säfte so sehr verderblich sind. Es ist übrigens ein niedriger, unansehnlicher Baum mit wenigen Zweigen, mit blaßgrünem Laub, und man sagt, die Indier vergiften ihre Pfeile, indem sie die Spitze in seinen Saft tauchen.

Unsre Lage in dem damaligen Lager war in jeder Rücksicht unerträglich. Die ganze Gegend stand unter Wasser, daß wir die Lebensmittel und Munition auf hölzerne Flöße packen musten, um sie trocken zu erhalten; wagten wir uns dabey ja aus unsern Hangmatten, so versanken wir bis an die Knie im Schlamm und Wasser, und die Musquitos und andres Ungeziefer verzehrten uns beynahe bey lebendigem Leibe.

Dazu kam noch, daß ich zwey große Geschwüre am Arm hatte, die von zwey Insekten entstanden waren, welche sich in das Fleisch eingenistet hatten. Man nennt diese Art Insekten in Surinam Buschwürmer, sie sind von der Größe und Gestalt der Larve des gewöhnlichen weissen Schmetterlinges, und fressen sich so tief in das Fleisch ein, daß man sie mit einer Lanzette herausholen muß. Dieses und die mannichfaltigen Uebel, mit denen wir zu kämpfen hatten, machten mich endlich ganz muthlos, so daß mein Leben mir zur Last fiel, und ich mir selbst feyerlich

ge-

gelobte, bey der ersten Gelegenheit, wo es mit
Ehren geschehen könnte, diesen abscheulichen
Dienst zu verlassen.

Sechstes Kapitel.

Mitten in diesem trostlosen Zustande, wo ich
am wenigsten Aussicht zu meiner Erlösung vor-
aussahe, gab ein guter Genius unserm Obersten
Seyburg den Gedanken ein, mich am Neujahrs-
tage zu sich rufen zu lassen, sich wegen allen, was
zwischen uns vorgefallen war, zu entschuldigen,
mir seine Freundschaft anzubieten, und die Erlaubniß zu ertheilen, mich in Paramaribo kuri-
ren zu lassen. Ich war entzückt über diesen An-
trag, verwandelte sogleich meinen übrigen Vorrath von Rum in Grog, und nun tranken wir
beyde nebst zwey andern Officieren, um das Andenken an die vorigen Feindseligkeiten zu verban-
nen, so lange mit einander, bis wir kaum mehr
sehen konnten, und in diesem Zustande verließ
ich noch den nemlichen Abend das Lager am Jawabach, und ruderte frisch und fröhlich nach Paramaribo zu.

Bey meiner Ankunft fand ich Johannen nebst
ihrem Sohn vollkommen gesund, nachdem beyde
drey Wochen lang blind gelegen hatten. Auf
meines Freundes Herrn Graaf Einladung bezog
ich

ich jetzt sein Haus, wo Johanna auch war, und fand mich so vollkommen glücklich.

Am andern Mittag speiste ich bey dem Obersten Fourgeoud, der jetzt völlig hergestellt war, und mich mit großer Höflichkeit aufnahm. Von ihm erfuhr ich, daß man noch zwey neue Compagnien von Mulatten und zwey von freyen Negern errichtet habe; daß die Seramica und Oucaneger betrügliche Verräther wären, und trotz ihrer Verbindungen mit den Colonisten heimlich die Rebellen unterstützten; ferner, daß Bonny mit seinen Anhängern in den Wäldern, ihrer neuerlichen Verheerungen ungeachtet, den größten Mangel litten, und daß er fest entschlossen sey, diesen Rebellen entweder zur Uebergabe zu zwingen oder ihn zu nöthigen, das Gebiet der Colonie zu verlassen; er erzählte ferner, daß er dem Capitain Tullnig seine heimliche Heirath verziehen, und der Oberstlieutenant de Borgnes eben eine Verbindung mit Madame Crawford, einer reichen Wittwe, geschlossen habe.

Ich brachte nunmehr meine Zeit ganz vergnügt, mit abwechselnden Besuchen bey meinen hiesigen Freunden, zu, die mir durchgängig mit der größten Artigkeit begegneten; auch wohnte ich einem Mulattoball bey, wo die Erleuchtung, die Kleidung, das Abendessen und alle übrigen Erfordernisse mich durch ihre Pracht und Zierlichkeit in Erstaunen setzten; das Betragen der Gäste

Gäste war auch so anständig und fein, daß es dem vornehmern und weissern Theil der Einwohner hätte zum Muster dienen können.

Auf meinen Spaziergängen während dieser Zeit traf es sich einmal, daß ich in die Gegend hinter dem Fort Zelandia kam, wo eben eine Menge Indianer und Schwarze, beyderley Geschlechts sich badeten und im Schwimmen übten. Die Geschicklichkeit und Fertigkeit dieser Leute im Schwimmen setzte mich ganz in Erstaunen, denn sie scheinen aller ihrer Bewegungen so völlig Herr und Meister zu seyn, als wir es nur immer auf dem festen Lande seyn können.

Die Indianer waren von der Nation der Arrawukas, und vorzüglich fiel mir unter ihnen ein junges Mädchen auf, die sich wie die Meeresgöttin aus den Wellen erhob. Sie war gegen die Gewohnheit ihrer Landsleute ganz ohne ihre beliebte Arnottaschminke, wodurch sie ungleich weisser aussahe, als die Kupferfarbigen Indianer auszusehen pflegen; dabey waren ihre Arme und Beine auch nicht durch jene engen Bandagen von Baumwolle verunstaltet, die unter den Weibern so gemein üblich sind. Ihr Haar war oben auf dem Wirbel des Kopfes sauber geflochten, und in der Mitte mit einer breiten, silbernen Platte befestigt; ihr ganzer Anzug aber sowohl während als nach dem Bade bestand in einer kleinen viereckichten Schürze von Glaskorallen, die
nichts

nichts von ihrer tadellosen Gestalt verbarg. In der That konnte man sich keine vollkommen schönere Figur denken, denn sie vereinigte alles, was nur von äußern Vorzügen denkbar ist, schönes Ebenmaaß, Kraft, Gewandheit, Jugend und Gesundheit, und überzeugte mich über allen Zweifel, daß sobald der Körper sichtbar ist, wie es gewiß von der Natur beabsichtigt wurde, die Schönheit des Gesichts nur eine Nebensache bleibt. Doch fehlte es auch diesem nicht an Reizen und die liebenswürdigste Einfalt, die argwohnloseste Unschuld und Heiterkeit waren mit unverkennbaren Zügen darauf gezeichnet. Dieses Mädchen hatte einen lebendigen Papagey auf der Hand, den sie mit einem stumpfen Pfeil ihres Bogens betäubt hatte; denn die Arrawukas besitzen eine unglaubliche Geschicklichkeit, das Ziel zu treffen, und können einen Vogel in vollem Fluge herunterbringen.

Diese Nation hat einen sehr guten moralischen Charakter, sie leben mehrentheils mit allen andern indischen Nationen in Frieden; vorzüglich aber haben sie eine große Anhänglichkeit an die Europäer, die auch sehr viel Liebe für sie haben.

Zum Beweis ihrer Dankbarkeit will ich eine kleine Begebenheit anführen, die sich vor einigen Jahren in Paramaribo ereignete. Eine indische schwangere Frau ward dort unvermuthet

von

von den Vorböthen ihrer nahen Niederkunft über=
rascht, und von einem gewissen Herrn van der
May menschenfreundlich nebst ihrem Mann in
sein Haus geführt, wo er sie seinen Leuten über=
gab, ihnen ein kleines Zimmer einräumen ließ,
und alle übrigen Bequemlichkeiten verschafte. Ehe
der Morgen kam, ward die Frau entbunden, als
aber die Bedienten wieder zu ihr hineingingen,
um für ihre Bedürfnisse zu sorgen, waren weder
Mann, Weib noch Kind zu finden, indem sie
schon vor Tagesanbruch ruhig in die Wälder ge=
wandert waren. Das Erstaunen war nicht ge=
ringe, und man machte allerley Anmerkungen
über die gerühmte Redlichkeit der Arrawukas,
bis endlich nach achtzehn Monaten der nemliche
Indier zum Herrn van der May kam, und einen
schönen Knaben von der Nation der Arrawous,
den er in einer Schlacht gefangen genommen hat=
te, mitbrachte; diesen stellte er seinem Wohlthä=
ter mit den lakonischen Worten, „der ist Euer,“
vor, und verschwand sogleich, ohne eine Ant=
wort zu erwarten. Man bot diesem Herrn in
der Folge 200 Pf. St. für diesen Sklaven, er
schlug sie aber aus, und begegnete ihn sowohl,
als ob er frey gewesen wäre.

Die Erziehung dieser Leute in ihrer Kindheit
ist ganz den einfachen Vorschriften der Natur ge=
mäß, und daher sind körperliche Gebrechen und
moralische Ungestaltheit gleich seltne Erscheinun=
gen

gen unter ihnen; da eine zu ängstliche Aufmerksamkeit auf den Körper sowohl als auf das Gemüth wahrscheinlich eben so nachtheilig als gänzliche Vernachläßigung sind.

So friedliebend die Arrawukas oder Arrowaken, wie sie auch von andern genannt werden, auch sind, so führen sie dennoch zuweilen Krieg mit ihren Nachbaren, und in diesem bedienen sie sich keiner andern Waffen, als Pfeil und Bogen, und einer gewissen Art Keulen, die sie Abutow nennen; aber sie essen nie ihre Gefangenen, wie die Caraiben zu thun pflegen, die sogar die Neger verzehrten, welche sie bey dem Aufstande zu Barbice getödtet hatten. Ungeachtet ihrer Entfernung von der Seeküste haben sie doch sehr viele Canots von ansehnlicher Größe, zuweilen von achtzig Fuß lang, und in diesen fahren sie auf ihren häufigen Reisen und Wanderungen die Flüsse hinab.

Den 25sten bekam ich einen Fieberanfall, wofür ich zur Ader ließ, und weil der Chirurgus ungeschickterweise zu tief geschlagen hatte, ward ich wiederum lahm. Mittlerweile langte der Oberste Seyburg vom Jawabache, krank in Paramaribo an.

Um eben diese Zeit erhielt der Oberste Fourgeoud, als er eben im Begriff war, seine Operationen wieder anzufangen, Depeschen von Haag, mit dem ausdrücklichen Befehl, von allen weitern

Un=

Unternehmungen sogleich abzustehen, und sich mit seinen wenigen übrig gebliebenen Leuten unverzüglich einzuschiffen.

Diesen Nachrichten zufolge wurden die Transportschiffe wieder in Bereitschaft gesetzt, und alle Officiere und Gemeine erhielten ihren rückständigen Sold.

Ich war indessen noch immer krank, am 14. Februar raffte ich mich indessen auf, und ging auf Krücken gestützt, mit Frieselausschlag bedeckt, und mit allen Zähnen im Munde wackelnd vom Scharbock, mit tausend Floren in der Tasche, aus, die ich zu gleichen Theilen an Fourgeoud und Madame Godefroy austheilte, als das Lösegeld meines Knaben Quaco, und meines Mulattomädchens; so wenig aber auch diese fünfhundert Gulden in Vergleich mit den tausend achthundert waren, die ich Madame Gedefroy schuldig blieb, so hatte sie doch die Großmuth, ihre Anerbietungen, daß ich Johanna mit nach Holland nehmen sollte, zu erneuern, welches aber Johanna mit eben so viel Edelmuth ausschlug. Sie erklärte: Sie würde nie einen Wohlthäter dem Interesse des andern aufopfern, und daß ihre eigne Glückseligkeit, oder selbst die meinige, die ihr theurer als das Leben sey, ihren Entschluß nie wankend machen sollte; der ganze Preis ihrer Freyheit müsse entweder von mir, oder durch ihren Fleiß herbeygeschaft werden, welches sie noch eines

Las

Tages zu erleben hoffte. Sie setzte hinzu: unsre Trennung würde nur eine Zeitlang dauern, und ich könnte ihr keinen grösern Beweis meiner Achtung geben, als wenn ich diese kleine Prüfung mit gesetztem Muth ertrüge, und ohne einmal einen Seufzer in ihrer Gegenwart auszustoßen. Diese letzten Worte sagte sie mit lächelndem Munde, wandte sich denn schnell um, umarmte ihr Kind, und brach in einen Strom von Thränen aus. In diesem Augenblick ward ich abgerufen, um nach dem Hause eines Freundes zu kommen, der eben gestorben war. Meine Betrübniß über alle diese Unglücksfälle überstieg alle Gränzen, endlich faßte ich mich und entschloß mich, ein Paar traurige Jahre in Johannens Abwesenheit zu überleben, und so ging ich niedergeschlagen nach Hause.

Die allgemeine Fröhlichkeit über unsre bevorstehende Abreise war von kurzer Dauer, indem den 15ten Februar neue Verhaltungsbefehle ankamen, welche unsre Rückkehr noch sechs Monate hinausschoben. So betrübt alle meine Cameraden über diese veränderten Aussichten waren, so glücklich befand ich mich dabey, und beschloß abermals, meinen ganzen Sold so lange aufzusparen, bis die ganze Schuld abgetragen sey. Eine andre Nachricht von Europa aus betrübte mich hingegen nicht wenig, daß nemlich der König von England die schottische Brigade

ein=

eingeladen habe, nach England zu kommen, und daß ich durch meine jetzigen Verbindungen verhindert ward, von dieser Aufforderung Gebrauch zu machen. (In der Folge erfuhr ich aber, daß die Staaten von Holland dem Könige sein Ansuchen abgeschlagen hätten). Zu gleicher Zeit ward mir eine amerikanische Compagnie unter dem General Washington angetragen, welche ich aber ohne Bedenken verwarf.

Den 18ten Februar wurden also die armen niedergeschlagenen Leute wieder nach Magdeburg geschickt, indeß eine beträchtliche Parthey noch am Jawabach stand. Die Laune der Herren Officiere hatte durch diese unerwartete Veränderung auch einen solchen Stoß gelitten, daß einer unter ihnen in zwey auf einander folgenden Tagen zwey Duelle focht, und so glücklich war, seine beyden Gegner, Officiere von den Societätstruppen, gefährlich zu verwunden.

Da ich noch nicht völlig wieder hergestellt war, blieb ich noch eine Zeitlang in Paramaribo, und benutzte diese Ruhe, um einige Nachrichten von dem Handel und dem innern Werth dieser Colonie zu erlangen, die ich hier dem Leser mittheile.

In dem Gebiete der Colonie Surinam sind etwa sechs= bis achthundert Plantagen, welche hauptsächlich Zucker, Caffee, Cacao und Baumwolle

wolle hervorbringen *), etwas Indigo und kostbares Bauholz ungerechnet. Die Ausfuhr von diesen vier ersten Artikeln allein kann man in der nachstehenden Tabelle von vier aufeinander folgenden Jahren mit einem Blick übersehen.

Jahre

---

*) Die Plantagen sind von ungleicher Größe, und daher von sehr verschiedenem Ertrage. Es giebt Zuckerplantagen mit einer Wassermühle, dergleichen nicht auf allen gefunden wird, mit 1536 Acker Land, und 230 bis 240 Sklaven, welche ihrem Eigenthümer 15,250 Gulden reinen Ertrag bringen. Die zweyte Klasse von 1186 Acker Land und 166 Sklaven trägt 10,288 Gulden. Die dritte Gattung hat zwar 168 Sklaven und 1468 Acker Land, aber nur eine Roßmühle, und giebt nur 9667 Gulden Gewinn. Die letzte Klasse von 1000 Morgen Land und 119 Sklaven wirft jährlich 6959 Gulden ab. Eben so sehr ist der Werth der Caffeeplantagen verschieden. Der reine Ertrag einer solchen Plantage, zu der 1000 Acker und 252 Neger gehören, wird auf 6620 Gulden geschätzt, und hat der Eigenthümer nur 500 Acker Land nebst 124 Sklaven, so gewinnt er jährlich 1149 Gulden. S. Lüders Beschreibung der holländischen Besitzungen in Amerika. Erster Theil. S. 90 ꝛc.

Jahre	Fässer Zucker	Pfunde Caffe	Pf. Cacao	Pfunde Baumwolle
1771	19,494	11,135,132	416,821	203,945
1772	19,260	12,267,134	354,935	90,035
1773	15,741	15,427,298	332,229	135,047
1774	15,111	11,016,518	506,610	105,126
Summa	69,606	49,846,082	1,610,595	534,153

69,606 Fässer Zucker, zu 60
Holländische Gulden das
  Faß, machen   4,176,360 Gulden
49,896,082 Pf. Caffee, zu
  $8\frac{1}{2}$ Stüv. das Pf. machen 21,184,584 Gulden
1,610,595 Pf. Cacao, zu $6\frac{1}{2}$
  Stüver das Pf. machen   523,444 Gulden
534,153 Pf. Baumwolle, zu
  8 Stüv. das Pf. machen   212,661 Gulden
          Summa 26,097,049 Gulden

Beträgt also im Durchschnitt,
auf jedes Jahr   6,524,262 Gulden

Dies ist aber blos die Ausfuhr nach der Stadt Amsterdam; rechnen wir nun noch, was Rotterdam und Seeland erhalten, nebst der Ausfuhr an Rum und Syrup, den Werth der Indigoausfuhr, das Pfund zu vier Gulden, und das Holz von fünf Stüver bis fünf Gulden den Cubikschuh, so kann man für diese Artikel wenigstens 6,524,262 Gulden oder alles zusammen auf 13,048,524 Gulden anschlagen.

Wenn wir aber annehmen, daß obige Summe nur 11 Millionen Gulden betragen möchte, so steigt doch die jährliche reine Einnahme der Kolonie auf 1 Million Pf. St.

Ich werde nunmehr zeigen, auf welche Art jene eilf Millionen zwischen der Republik Holland und der Colonie vertheilt werden.

Die Stadt Amsterdam beschäftigt in diesem Handel im Durchschnitt etwa 50 Schiffe von 400 Tonnen, jedes erhält für die Fracht der aus Europa eingeführten Waaren 6000 Gulden.

An Ausfuhrfracht aber für die oben specificirten Artikel, die in der Colonie erzeugt werden, empfangen die Schiffe   32,000 Gulden
also bekommt jedes Schiff an
    Fracht   -   38,000 Gulden.

Dies

Dieses mit der vorher er-
wähnten Zahl der Schiffe
multiplicirt, macht 1,900,000 Gulden
Für Rotterdam und Seeland
schätze ich etwa 30 Schiffe, von verschiedener Größe, — 1,200,000 Gulden
 _____
zusammen 3,100,000 Gulden

Ferner die Fracht für die
Backsteine, die als Ballast
mitgenommen werden, u.
für Passagier 80,000 Gulden
Die Guineafahrer oder Ne-
gerschiffe, deren Anzahl
man im Durchschnitt auf
6 festsetzen kann, bringen
jährlich 250 bis 300 Ne-
ger, die Ladung eines je-
den Schiffs also 120,000
Gulden, zusammen 720,000 Gulden
Hiezu rechne ich ferner die
Waaren, die aus Holland
eingeführt werden; der-
gleichen sind: Brandt-
wein, Bier, Pöckel-Rind-
u. Schweinfleisch, Mehl,
Seiden- Baumwollen- u.
Leinenzeuge, Kleider, Hüte,

G 2 Schu-

Schuhe, Gold, Silber und
Stahlwaaren, Gewehr
und Munition, Zimmer=
manns und andere Hand=
werksgeräth. Alle zusam=
men kann man im Durch=
schnitt 50 Procent über
den ersten Werth rechnen;
hiezu kommen die Kosten
für Correspondenz, Assecu=
ranz, Zoll, Waarenlager,
Trägerlohn, Ladungsgel=
der und Emballage, die
den Einwohnern wenig=
stens 10 Procent kosten;
also   =   <u>1,100,000 Gulden</u>
                     5,000,000 Gulden

Die Interessen der Schul=
den, welche die auswärti=
gen Gläubiger von der Co=
lonie zu fordern haben, u.
wohl auf 55 Mill. Gulden
steigen; ferner, der Ver=
lust, welchen die Pflanzer
in Holland leiden, wo man
ihnen gewaltige Kosten
macht, und wo die, welche
sich ein Vermögen erwor=
ben haben, es zu verschwen=

den

den hinreifen; alles zu=
ſammen kann man wenig=
ſtens ſchätzen auf   1,000,000 Gulden
                           6,000,000 Gulden

Dieſe 6 Mill. ſind reiner Vor=
theil für die Einwohner
der Provinzen Holland u.
Seeland. Die Coloniſten
in Surinam können alſo
ihren eigenen Antheil an
der Ausfuhr ihrer Plan=
tagenprodukte rechnen zu 5,000,000 Gulden
                         11,000,000 Gulden

    Ich werde nunmehr darthun, auf welche Art die Unterhaltungskoſten der Colonie durch Auflagen herbeygeſchaft werden, die ebenfalls nicht unbedeutend ſind.

    Erſtens kommt die Aus= und Einfuhr. Die Zölle in Surinam werden ſowohl von der Aus= als Einfuhr gehoben, und blos an Hafen= zoll erlegen

alle hollän= ⎫
diſch. Schiffe ⎪
3 Guld. von ⎪
jeder Tonne, ⎬ zuſammen
alle ameri= ⎪ 90,000 G.
kan. Schiffe ⎪
v. jeder Ton= ⎪
ne 6 Gulden.⎭

Ueber=

Ueberdem
bezahlen die
Amerikaner   } macht
für alle Aus-   } 60,000 G.
und Einfuhr
5 Procent.
Von Zucker
wird bezahlt
für 10 Cent-
ner oder ein
Faß 1 Guld.   } alles dieses
Vom Centner   } betrug im
Caffee   15 } Jahr 1771
Stüver.   } 260,000 G.
Von Cacao
vom Centner
1 Gulden 15
Stüver.

     Summa 410,000 Gulden
   Zweytens, die Accise.

Ein Faß Bier zahlt
 bey der Einfuhr 3 Gulden
Ein Faß rh. Wein 12 ——
Jede Pipe Ma-
 deira   23 G. 10 Stüv.
Alle Weine in
 kleinern Quan-
 titäten für jedes Maaß 1 St.

         Die

Die Auflage
auf die Schenk=
wirthe beträgt   600 G.
und auf die De=
tailhändler   300 G.

Die Accisegefälle steigen also auf 100,000 Gulden

Drittens, die Kopfsteuer
 von allen Einwohnern,
 schwarzen sowohl als
 weissen ohne Ausnahme,
 beträgt für jede erwach=
sene Person   2 G. 10 St.
für Knaben und
Mädchen unter
12 Jahren   1 G. 5 St.

macht jährlich 150,000 Gulden

Viertens, die Abgaben von
 allen Versteigerungen, so=
 wohl von liegender als
 fahrender Haabe
Vom Verkauf aller Immobi=
 lien, Plantagen, Häuser ꝛc.
 5 von Hundert
Vom Verkauf aller neuange=
 kommenen Negersklaven
 2½ von Hundert, zusammen 130,000 Gulden
und

und endlich die neue Steuer, für das Einfangen der flüchtigen Negersklaven, weil die vorhergehenden Auflagen nicht hinreichend waren, die zu diesem Zweck bestimmten Prämien zu bezahlen. Sie besteht in einer Erhöhung der Kopfsteuer von 1 Gulden, jährlich 80,000

nebst einer Auflage von 4 Procent vom jährlichen Gewinn, nach eidlicher Aussage 400,000

zusammen 480,000 Gulden

Ferner müssen die Einwohner für Unterhaltung der Gemeinenweiden erlegen, von jedem Hause nach der Größe
für eine Kutsche 20 G.
für ein Cariol 10 G.
für ein Reitpferd 10 G.

zusammen 12,000 Gulden

Alle diese verschiedenen Abgaben betragen also 1,282,000 Gulden

Ich

Ich habe nunmehr, theils aus zuverläßigen Nachrichten, theils aus eigner Bemerkung, gewiesen, daß der innere Werth dieser Colonie jährlich auf eine Million Sterling steigt, welche durch gehörige Einrichtung noch beträchtlich erhöht werden könnte, auch daß der gröste Theil dieser Summe der Republik zu Gute kommt, indeß die Besitzer der Plantagen durch übermäßige Auflagen gedrückt werden, die manchen verleiten unredlich zu handeln, der in einer minder drückenden Lage rechtschaffen geblieben wäre. Jetzt will ich noch eins und das andre über den Handel hinzufügen, den die Nordamerikaner mit dieser Colonie führen. Diese Leute kommen in kleinen Brigantinen, Schaluppen und Schoners von Virginien, Rhode-Island, Neuyork, Boston, Jamaika, Grenada, Antigua, Barbados u. s. w. und bringen von jenen Orten Mehl, Rindfleisch, Schweinfleisch, Heeringe, Salz, Mackarellen und Blättertobak für die Neger; ferner Tannenbretter, englischen Rum, und andre geistigen Getränke, Huthzucker, Sparmaceti Lichter, Zwiebeln u. s. w. Außerdem ist jedes Fahrzeug verpflichtet, ein Pferd mitzubringen, doch pflegen sie dieser Verbindlichkeit dadurch zu entgehen, daß sie blos einen Pferdekopf am Bord haben, und vorgeben, das Pferd sey während der Ueberfahrt gestorben. Für die obenangeführten Waaren exportiren die amerikanischen Schiffer allen Sy-

rup

rup dieser Colonie, um zu Hause Rüm daraus zu bereiten. Sie nehmen ferner alle dortigen Landesprodukte mit; dies geschieht aber nur verstohlner Weise, zum großen Vortheil des Käufers und Verkäufers, von denen der eine baar Geld bekommt, und der andre sehr wohlfeil einkauft. Auch bringen diese Schiffe von den Zuckerinseln einzelne Mulatto= und Quarteroonsklaven, die mehrentheils jung und schön sind, und demzufolge ohne Rücksicht auf die Beschaffenheit ihrer Sitten, für ansehnliche Preise verkauft werden.

Ich fahre nunmehr mit meiner Erzählung fort. Den 21sten Februar nahm mich Herr Reynsdorp, der Schwiegersohn der Madame Godefroy, in seinem Lustschiff mit nach Nut=en Schadelyk, einer von seinen Caffeeplantagen. Hier sahe ich einen weißen Mann, der neuerlich durch die großen Fledermäuse oder Vampyren seine beyden Augen in einer Nacht verlohren hatte. Den folgenden Tag segelten wir den Comawinafluß hinauf, nach der herrlichen Cacaoplantage Alkmar, welche der ebengenannten Dame gehört. Hier werden die Sklaven wie Kinder von ihrer gütigen Herrschaft behandelt, und betrachten sie insgesammt als ihre Mutter. Hier hörte man keine Seufzer, kein Fesselngeklirre, hier sahe man keine Spur von Härte, und überall herrschte Zufriedenheit und Eintracht. Das schöne Wohn=

Wohnhaus und die bequem und gut eingerichteten Nebengebäude habe ich schon an einer andern Stelle erwähnt, ich will also nur noch hinzusetzen, daß selbst in den Häusern der Neger Ueberfluß und Ruhe zu finden waren.

Die Cacaobäume werden in Baumschulen, wie unsre Obstbäume in England gezogen, und dann in geraden Reihen zehn bis zwölf Fuß auseinander gepflanzt, wo sie denn so hoch wachsen als gewöhnliche Kirschenbäume. Man muß aber Sorge tragen, die jungen Pflanzungen sowohl gegen die starken Winde als die brennende Sonnenhitze zu schützen; zu diesem Ende pflanzt man zwischen den Cacaobäumen Cassova- oder Pisangstauden, welche zugleich das Emporschießen des Unkrautes verhüten, das in diesem heißen Clima so übermäßig wuchert. Mit gehöriger Sorgfalt tragen die Bäume schon im dritten Jahre, und gewähren denn jährlich zwey Erndten, zu ihrer größten Vollkommenheit aber gelangen sie nur im zwölften oder vierzehnten Jahre. Das Blatt des Cacaobaumes ist über acht Zoll lang, und beynahe drey Zoll breit, dick zugespitzt, gereift und von hellgrüner Farbe. Die Frucht ist ungefähr so lang als das Blatt, und hat anfänglich eine Aehnlichkeit mit einer Gurke, reif aber ist sie gelb wie eine Citrone, hat Furchen, wie die Melone, und enthält beynahe dreyßig Fächer, welche die Saamenkörner ein-

schlie-

schließen; diese liegen der Länge nach in der Frucht, und sind, wenn sie zum Gebrauch taugen, so groß wie Oliven und von dunkelrother Farbe. Man rechnet, daß ein Baum in jeder Erndte dreyßig bis dreyhundert Hülsen oder Schoten trägt, von denen jede dreyßig Nüsse oder Kerne enthält, die zusammen gewöhnlich ein Pfund wiegen, und hiernach kann man den Ertrag jeder Erndte berechnen. Wenn man die Nüsse aus den Hülsen nimmt, werden sie im Schatten getrocknet, wo sie stark schwitzen, und gleich darauf packt man sie in Fäßer zur Ausfuhr, um das wohlbekannte und allgemein beliebte Getränke die Chokolade daraus zu bereiten.

Der Cacaobaum soll in Guiana einheimisch seyn, und am Amazonenflusse in großer Menge wild wachsen; der Sohn des Gouverneur Chatillon hat aber den ersten Baum im Jahr 1684 in Surinam gepflanzt, und der erste Cacao ward im Jahr 1733 nach Holland ausgeführt. Wie ansehnlich der Gewinnst von dem Bau dieses Produkts ist, läßt sich aus den Berechnungen des Jahres 1774 ersehen, wo allein nach Amsterdam 506,610 Pfund ausgeführt wurden, welche 202,614 Gulden holländisch einbrachten. Die Preise sind abwechselnd zwischen 4 bis 9 Stüver das Pfund, der gewöhnliche Preis aber ist sechs und einen halben Stüver. Die besten Plantatagen, von denen Alkmar eine ist, tragen jährlich über 80,000 Pfunde.

Den 27sten kehrten wir wieder nach der Stadt zurück, wo der berühmte freye Neger, Quassi, der Prophet, Priester und König der schwarzen Jäger, eben nach Holland abgegangen war, um den Erbstatthalter zu besuchen. Fourgeoud, dessen Lob er ausposaunen sollte, hatte ihm Empfehlungsschreiben mitgegeben, und ihn unterrichtet, den Gouverneur wegen seines Betragens gegen den Obersten anzuklagen.

Da eben jetzt die Gerichtssessionen gehalten wurden, kamen allerley Criminalfälle vor, unter andern ward ein armer Neger verurtheilt, sein Bein zu verlieren, weil er sich versteckt hatte, um einer Arbeit zu entgehen, die seine Kräfte überstieg, und zwey andre, die wirklich entlaufen waren, sollten gehangen werden. Das Betragen eines dieser Menschen vor dem versammelten Gericht verdient angeführt zu werden. Er bat, daß man ihm einige Augenblicke Gehör geben möchte, und als dieses ihm zugestanden wurde, sagte er folgende Worte:

Ich bin in Afrika gebohren, wo ich während einer Schlacht zur Vertheidigung meines Fürsten gefangen genommen, und von meinen eignen Landsleuten als ein Sklave an der Küste von Guiana verkauft wurde.

Ei-

Einer von euren Landsleuten, der jetzt einer von meinen Richtern seyn soll, kaufte mich, und in seinem Dienste ward ich von seinem Aufseher so barbarisch behandelt, daß ich entflohe, und mich zu den Rebellen in den Wäldern gesellte. Hier ward ich von neuem verurtheilt, Bonnys Sklave zu seyn, der mich, wo möglich, noch mehr Härte als die Europäer, fühlen ließ, welches mich von neuem zu entfliehen nöthigte, und mir den Entschluß eingab, die Menschen ewig zu meiden, und mein Leben ganz schuldlos in den Wäldern zu endigen. Zwey Jahre hatte ich in dieser Lebensart ausgeharrt, und die größten Beschwerden und die größte Gemüthsunruhe ausgestanden, in der einzigen Hofnung, noch einmal meine unglücklichen Verwandten wieder zu sehen, die in meinem Vaterlande vielleicht Hunger und Noth um meinetwillen litten, als mich die Jäger entdeckten, fingen und vor dieses Gericht stellten, wo ihr nun die ganze Geschichte meines unglücklichen Lebens gehört habt, zu der ich nur noch die einzige Bitte hinzufüge, daß ihr mich künftigen Sonnabend, oder sobald es möglich ist, hinrichten lassen wollet.

Diese Rede hielt der Neger, der einer von den schönsten war, die ich je gesehen habe, mit der äußersten Mäßigung; worauf sein ehemaliger Herr, der jetzt unter seinen Richtern war, ihm die kurze Antwort gab: Schurke! das wollen

len wir nicht wissen, aber die Tortur soll dich aus genblicklich zwingen, Verbrechen, so schwarz wie du selbst bist, zu gestehen, und auch die deiner verruchten Spießgesellen. Bey diesen Worten schwoll dem Neger jede Ader von heftigem Unwillen, und mit dem Ausdruck der tiefsten Verachtung rief er aus: Herr! die Tieger haben vor diesen Händen gezittert, und ihr wagt es, mir mit eurem armseligen Werkzeuge zu drohen, nein, ich verachte die äußersten Qualen, die ihr ersinnen könnt eben so sehr als den Elenden, der sie mich erdulden heißt. Indem er dieses sagte, warf er sich auf die Marterbank, und duldete die heftigsten Schmerzen mit einem bittern Hohngelächter, ohne wieder einen Laut von sich zu geben, bis er sein Leben am Galgen endigte.

Den 8ten Merz speiste ich bey dem Obersten Fourgeoud, wo wir den Geburtstag des Erbstatthalters begingen, bey welcher Gelegenheit Herr Reinsdorp alle Soldaten bewirthete. Von dem Obersten erfuhr ich, daß die Jäger jetzt allein am Wanabach campirten, und daß man den verpesteten Posten, die Teufelsherberge genannt, endlich ganz verlassen hatte. Meine Gesundheit war ziemlich wieder hergestellt, Fourgeoud aber drang darauf, daß ich noch länger in Paramaribo bleiben sollte, um mich vollkommen auszukuriren, und so befand ich mich gegen die Mitte

des

des Monats in so vollkommenem Wohlseyn, als je zuvor in meinem Leben.

Um diese Zeit wurden die Capitains van Guericke und Friedericy nebst dem Unterofficier Fowler, als Gesandte an die freyen Ouca und Seramicaneger abgeschickt, um ihren Beystand gegen die Rebellen aufzufordern, den sie beständig zu versprechen fortfuhren, so lange sie Geschenke von dem Obersten erhielten, ohne je ihre Versprechungen zu erfüllen.

Den 26sten hatte ich das Vergnügen, einem armen schwarzen Mädchen einige hundert Geisselhiebe zu ersparen, indem ich den Verlust eines Dutzend Theetassen ersetzte, die sie unvorsichtigerweise zerbrochen hatte. Darauf besuchte ich noch den armen Neger, den die Gerechtigkeit ein Bein hatte abnehmen lassen, und packte denn meine Kisten ein, um meinen sechsten Feldzug anzutreten, und das Commando am Comawinafluß zu übernehmen. Ehe ich aber Paramaribo verließ, kamen sechs Sklaven in meiner Wohnung an, die mir Geschenke von allem, was die Colonie hervorbrachte, und was zu meiner Erleichterung dienen konnte, von meinen sämmtlichen gütigen Freunden brachten.

Siebentes Kapitel.

Den 27. Merz 1776 nahm ich von neuem Abschied von Paramaribo, meiner Johanna und meinem Knaben.

An eben diesem Morgen wurde ein gewisser Herr Dalbergh schrecklich von einer Iguane oder großen Eidechse gebissen, gerade wie er mich und meine Gefährten dringend bat, noch einige Tage zu bleiben, um der Feyer seiner Silberhochzeit beyzuwohnen, welches wir aber ausschlagen musten. Wir schifften uns nunmehro gleich ein, nachdem wir seinen Unfall bedauert hatten, und erreichten noch den nemlichen Abend die Plantage Sporkesgift in Matapica. Hier wurden wir von dem Hauptmann Macneal zwey Tage lang mit der größten Gastfreundschaft bewirthet. Ich entging aber mit genauer Noth der Gefahr, erstickt zu werden, von den Dünsten von unreifem Caffee, den man auf dem Boden des Gemachs, wo meine Hangmatte hing, zum trocknen aufgeschüttet hatte.

Den 29sten spät erreichten wir die Goldbergwerksplantage, wo der erste Anblick ein Negersknabe und Mädchen war, die nebeneinander von einem hohen Balken herabhingen. Der Strick der sie hielt, war an ihren Daumen befestigt, die man ihnen auf den Rücken gebunden hatte, wodurch ihre Schultern beynahe ausgerenkt, und ihnen die empfindlichsten Schmerzen verursacht wurden. Ich schnitt sogleich mit meinem Säbel ohne Anfrage oder Umstände die armen Schlachtopfer los, und schwur, daß ich den tyrannischen Aufseher auf der Stelle vernichten wollte, wofern er nicht sogleich verspräche, ihnen die Strafe gänzlich zu erlassen, welches er zu meinem grosen Erstaunen augenblicklich versicherte.

Den 30sten, kurz zuvor, ehe wir bey Esperance landeten, entdeckte ich, daß mein ganzer Vorrath von Zucker, und der gröste Theil meines Rums verschwunden war. Ich bediente mich, um den Dieb auszuforschen, folgenden Mittels, welches aber nicht von meiner Erfindung war. Ich sagte den Negern, deren sechs an der Zahl waren, daß den Schuldigsten unter ihnen innerhalb sechs Minuten eine Papageyenfeder aus der Nasenspitze wachsen würde; wobey ich zugleich einige unzusammenhängende Worte aussprach, einige Cirkel mit meinem Säbel beschrieb, und mich denn in die Cajute verschloß. Hier guckte ich durch das Schlüsselloch, und beobachtete die Ruderer mit großer Aufmerksamkeit, da ich denn bald bemerkte, daß einer unter ihnen bey jedem Streich des Ruders mit der Hand nach der Nase fuhr, und die Spitze derselben befühlte. Auf diesen drang ich denn sogleich los, und rief: Ich sehe die Papageyenfeder! Du bist der Dieb, du Spitzbube! Der arme abergläubische Wicht rief augenblicklich aus: Ja, Herr, und warf sich dem vermeintlichen Zauberer zu Füßen, um Erbarmen zu flehen; und da die andern sich auch zu seiner Fürbitte vereinigten, vergab ich dem leichtgläubigen Diebe be und seinen Gehülfen, die sich durch ihr freymüthiges Bekenntniß noch ein gut Stück Rindfleisch und eine Kürbisflasche voll Grog erwarben.

Bey meiner Ankunft zu Esperance übernahm ich das Commando des ganzen Flusses, und war nun wiederum der Fürst des Comawina. Ich ließ mir hier einen erhöhten Pallast, nach dem Muster von Bonny seinen zu Bussy=cry errichten, nemlich auf zwölf starken Pfählen, welches hier um desto nothwendiger war, da der ganze Posten durch Ueberschwemmungen und Versäumniß zu einem vollständigen Sumpf geworden, und von meinem ehemaligen Hütchen keine Spur mehr zu sehen war. Die armen Seesoldaten, die ich hier fand, waren in den traurigsten Umständen, und beynahe nackend, indem sie sogar ihre Schuhe verkauft hatten, um nur frische Lebensmittel dafür habhaft zu werden. Durch meine Bemühungen und Fürsprache bey dem Obersten, bey dem ich jetzt im besten Ansehen stand, wurde indeß allen diesen Beschwerden abgeholfen, und Esperance erschien in kurzem mit seinem vorigen Zustande, verglichen wie ein kleines Paradies.

Mein vornehmster Zeitvertreib war hier wieder, wie ehedem, die Vogeljagd, und ich brachte täglich entweder etwas merkwürdiges oder brauchbares zurück.

Unter allen Vögeln, die man hier fand, waren die Colibris am häufigsten, die unter den Ta=

marindenbäumen wie die Bienen herumschwärmten, und von denen ein gewisser Lieutenant mit Hülfe eines Blaserohrs mit Erbsen täglich mehrere schoß. Diese kleinen Thierchen verdienen besondre Aufmerksamkeit, sowohl wegen ihrer außerordentlichen Schönheit, als ihrer ungewöhnlich kleinen und zarten Gestalt, indem sie von Federn entblößt, nicht größer als eine große blaue Fliege sind. Doch giebt es deren mehrere Gattungen, und einige sind wohl zweymal so groß. Diese Vögel prangen mit vielen verschiedenen Farben. Im Schatten erscheinen sie mehrentheils von einem glänzenden dunkeln Grün, welches im Sonnenglanz mit einem prächtigen Violet und Himmelbau abwechselt; den Kopf schmückt eine kleine Krone von grünen, schwarzen und goldnen Federn; der Schwanz und die Flügel sind glänzend schwarz; der Schnabel ist nicht viel stärker, als eine Stecknadel, lang, schwarz und gebogen an der Spitze; die Zunge ist gespalten, und sieht einen rothseidnen Faden ähnlich. Mit dieser saugen sie den Nektar oder Honig aus den Blumen, wie die Bienen, während welcher Zeit sie auch allein stille sitzen, auch scheint dies ihre einzige Nahrung zu seyn: sie bauen ihre Nester, die mehrentheils aus Baumwolle bestehen, und nicht größer als eine Wallnußschale sind, auf dem Blatt einer Ananas oder einer Zwergaloe; ihre Eyer sind nicht größer als Erb-

sen

sen und mehrentheils nur zwey in einem Neste vorhanden. Madame Merian sagt zwar, daß die Colibris vier Eyer legen, dieses habe ich aber nie gesehen, auch nie davon gehört.

Hier gab es auch unzählige Affen, und ich habe selbst mehr als zweyhundert auf einmal in einem Zuckerfelde gesehen, wo sie ungeheure Verwüstungen anstellen. Diese schlauen Thiere pflegen Schildwachen rund um das Feld zu stellen, um bey jeder Gefahr Lärm zu machen, und ich habe oft gesehen, mit welcher Klugheit und Treue sie dieses Amt verwalten, worauf sogleich nach einem gegebenen Zeichen die ganze Gesellschaft jeder mit seiner Beute in der Pfote, in den Wald hüpft.

Außer dem Schießen war auch das Schwimmen eines meiner Lieblingserhohlungen, und dies stellte nicht allein meine Gesundheit ganz wieder her, sondern gab mir auch mehr Kräfte, als die meisten meiner Cameraden hatten.

Den 14ten schoß ich ein Crokodill, und als ich eben in meinem Boot von dieser Fahrt zurück kam, überreichte man mir ein Paket Briefe von dem Obersten Fourgeoud, die, ehe ich sie erbrechen konnte, durch einen Zufall ins Wasser fielen und zu Grunde gingen; zum Glück erfuhr ich durch einige Officiere, die den andern Tag nach Esperance kamen, den vornehmsten Inhalt dieser Briefschaften. Der Oberste, der nemlich von
neuem

neuem die Wälder durchstreifen wollte, hatte mir Ordre gegeben, alle meine entbehrliche Mannschaft und Lebensmittel, wie auch die Societätstruppen, die zu Oranjebo standen, erstere nach Magdeburg, und letztere nach dem Pirica zu senden. Ich befolgte diesen Befehl, und behielt also nur zwölf gebrechliche Invaliden zu Esperance, und eben so viel zu Clarenbeck, ohne Wundarzt und Medikamente. Dem ungeachtet patrollirte ich täglich mit dieser kleinen Anzahl zu Wasser und zu Lande.

Da ich nunmehr die Aussicht hatte, eine Zeitlang zu Esperance zu bleiben, ließ ich mein Federvieh und meine Schaafe von dem Guthe hohlen, wo ich sie bisher gelassen hatte, und fand zu meinem großen Vergnügen, daß sich meine Heerden beträchtlich vermehrt hatten.

Den 26sten brachte mir einer von meinen Leuten eine Schlange, die er so eben getödtet hatte, und die etwa vier Fuß lang und nicht dicker als ein Flintenlauf war. Gerade in der Mitte derselben bemerkte ich einen Faust dicken Knoll oder Knoten, der meine Neugier reizte, und da ich die Schlange öfnete, um diese zu befriedigen, sprang ein großer Frosch frisch und munter heraus, der nur auf dem Kopf und am Halse einen kleinen, blauen schleimichten Fleck hatte. Ich befestigte ihn mit einem Faden am Bein, drey Tage lang auf dem Rasenplatz am

Fluß,

Fluß, um zu verfuchen, ob er leben würde, und da ich ihn nach Verlauf dieser Zeit völlig gesund sahe, gab ich ihm seine Freyheit wieder.

Den 28sten stattete ich bey Thomas Palmer, ehemaligen Königlichen Rath zu Massachusetsbay auf seinem Guthe Fairfield, einen Besuch ab. Hier waren beyde der Herr und seine Sklaven glücklich und zufrieden, welches einzig und allein von Herrn Palmers gerechter und menschenfreundlicher Behandlung herrührte. Auch befand er sich dabey vollkommen wohl, denn in ganz Westindien wird man wenige Plantagen finden, die, sowohl in Absicht auf den Ertrag als die Bevölkerung, in so blühendem Zustande waren; die gastfreundliche Behandlung aller Fremden vollendete das Gemählde seines treflichen Charakters, welcher ihn rühmlich vor allen Landbewohnern auszeichnete.

Bey meiner Zurückkunft nach Esperance fand ich Briefe von dem Obersten, der mir meldete, daß Herr Biesack mit seinen Jägern verschiedne Rebellen getödtet, und eilf gefangen genommen hatte; daß aber auch der Feind eine andre Parthey Jäger überfallen, und einige von ihnen schlafend in ihren Hangmatten todtgeschossen hätte.

Während diesen Scharmützeln gab ein Negerrebelle ein Beyspiel von Gegenwart des Geistes, welche gewiß selten ist, und daher angemerkt

merkt zu werden verdient. Ein Jäger hatte eben
sein Gewehr auf ihn gerichtet, und war im Be=
grif loszubrennen, als jener ihm mit aufgehabe=
ner Hand zurief: was willst du einen von deiner
Parthey tödten? worauf der Jäger, der ihn auf
sein Wort dafür hielt, antwortete: Gott bewah=
re! und indem er die Mündung seiner Flinte
senkte, sogleich eine Kugel durch den Leib von
seinem schlauen Gegner bekam, der ihn auf der
Stelle tödtete.

Den 6ten May hatten wir einen heftigen Or=
kan, mit Donner und Blitz begleitet, der viele
Bäume mit den Wurzeln ausriß, und beynahe
alle Häuser zu Esperance umriß, oder die Dä=
cher abdeckte; glücklicherweise aber widerstand
mein luftiges Schloß seinem Wüthen, und als
Johanna am 8ten mit ihrem Knaben hier an=
kam, versprach ich mir eine Glückseligkeit, die je=
ner ähnlich war, die ich im Jahr 1774 hier ge=
noß, um so mehr, da meine Familie, meine
Heerde und mein Federvieh sich verdoppelt hat=
te; außerdem hatte ich auch einen herrlichen, blü=
henden Garten, und wenn ich nicht für einen Pflan=
zer passiren konnte, verdiente ich doch immer die
Benennung eines kleinen wohlhabenden Pächters.

Den 9ten speisten wir alle zusammen bey
meinem redlichen Freund, Herrn Graaf, in sei=
ner schönen Plantage Knoppemonde, am Cassa=
winabach, eben da, wo dieser würdige Mann,
noch

noch vor der Geburt meines Sohnes, mir prophezeiht hatte, daß beydes er und seine Mutter noch einmal frey und glücklich seyn würden. Ich fand hier in seinen Gärten und Feldern verschiedne Gewächse und Pflanzen, die mir bisher unbekannt waren, auch eine eßbare Pflanze, die man hier Tayers nennt; man genießt blos das Herz oder das Innere dieses drey Fuß hohen, strauchähnlichen Gewächses, von dem man die äußere Rinde abschält, davon die innere Substanz das Ansehen einer Kartoffel oder Yamwurzel hat, aber von feinerm Geschmack und dichterem Gewebe ist. Die Blätter sind ungewöhnlich groß und Herzförmig, und der Stamm oder Stengel hat eine Aehnlichkeit mit dem der Pisangpflanze. Es giebt verschiedne Gattungen Tayers, man giebt aber den kleinsten den Vorzug, und bereitet sie eben wie Kartoffeln.

Ich fand hier auch wirkliche Kartoffeln in großer Menge, sie sind aber von einer schlechten Art, und werden nur von den Negern gegessen.

Die Tobakspflanze wächst hier ebenfalls mit großen weichen Blättern voller Fibern; sie blüht beynahe beständig, und dauert zwölf bis vierzehn Jahre, kommt aber dem virginischen Gewächs so wenig an Güte gleich, daß man sie nur zum Gebrauch der Sklaven zieht.

Man zeigte mir hier auch die Cassia, welches ein glänzender, harter, gelber Saamen ist,

den

den eine holzige, beynahe sechzehn Zoll lange
Hülse, in einer schwarzen, weichen, honigsüßen
Substanz einschließt; die Cassia ist ein sicheres
und unschädliches Abführungsmittel; der Baum,
auf dem sie wächst, ist sehr häufig in Guiana und
unter dem Namen des Soete boontjes und co-
tiaan bekannt. Hier sahe ich auch ein Gesträuch,
welches man Snakee weeree weeree nannte, und
ein vortrefliches Heilungsmittel in Fiebern seyn
soll, wahrscheinlich war es die Serpentaria Vir-
giniana, oder virginische Schlangenwurzel. Endlich zeigte man mir auch eine Blume, welche Se-
venboom genannt wird, und deren sich die jungen Negermädchen nur zu häufig bedienen, um
eine unzeitige Frucht abzutreiben. Sie gebrauchen hiezu auch die grünen Ananas, welche völlig die nemliche Wirkung thun sollen.

Nachdem ich auf diese Art einen angenehmen und lehrreichen Tag zu Knoppemonde zugebracht hatte, nahmen wir gegen Abend von unserm Freund Abschied, und ruderten heiter und
vergnügt wieder nach Esperance, mit Geschenken
aller Art reichlich beladen. Unter diesen befanden sich auch einige schöne Cokosnüsse, die ein
Sklave in unserer Gegenwart vom Baum her-
unterbrachte, nachdem er in dem Gipfel desselben einen hartnäckigen Kampf mit einer großen
schwarzen Schlange gehabt hatte, die er glücklich

sich mit seinem Messer überwand, und todt zu unsern Füßen herabschleuderte.

Die Sklaven zu Esperance und Falkenberg bezeigten auch ihre Achtung für Johanna und ihren Knaben, durch Geschenke von Federvieh, Früchten, Eyern, Wildpret und Fischen, die sie ihr darbrachten. So vereinigte sich alles, unsre Zufriedenheit zu befördern, wenn sie nicht bald darauf einen Stoß durch die traurige Nachricht von dem Tode meines Freundes Walter Kennedy, gleich nach seiner Ankunft in Holland, gelitten hätte.

Der Oberste Fourgeoud schickte um diese Zeit eine sehr willkomme Vermehrung der Mannschaft, nebst einem Wundarzt und Arzneymitteln, die dem ganzen Posten zu Esperance ein verändertes Ansehen gaben, indem Gesundheit und Zufriedenheit auf allen Gesichtern herrschte.

Unter andern Beschäftigungen, zu denen ich meine Leute anhielt, munterte ich sie auch zum Fischfang auf, indem es hier Fische im Ueberfluß gab, und die Neger solche mit Hülfe ihrer elastischen Stangen und Körbe zu fangen lehrten. Die Art, wie sie diese Mittel gebrauchen, ist folgende: Eine lange elastische Stange, wie eine Angelruthe, wird unter dem Wasser in die Erde gesteckt, und am andern Ende derselben befestigt man eine doppelte Schnur von ungleicher Länge; am kürzesten Ende dieser Schnur aber hängt ein

klei-

kleiner, zehn Zoll langer Stock, und am andern längern Ende ebenfalls ein solcher Stock, nur niedriger oder tiefer nach unten zu. Außerdem ist am äußersten Ende dieser letztern Schnur ein kleiner Fisch befestigt, der frey hin und her schwimmen kann, und den größern Fischen zur Lockspeise dient. Ferner werden zwey lange Stangen in die Erde gesteckt, so daß sie aus dem Wasser hervorragen, und ein drittes kürzeres Querholz bildet aus ihnen einen Galgen; über diesen Galgen wird die elastische Stange gebogen, und mit Hülfe ihrer Schnüre und der oben beschriebenen Stöcke an denselben befestigt, jedoch auf eine so lockere Art, daß bey der geringsten Berührung der ganze Apparatus nachläßt, die gebogne Stange zurückspringt, und den durch den Köder gefangenen Fisch an der Schnur in die Luft schnellt. Der elastische Korb, den man hier Mansoa nennt, ist eine ähnliche Einrichtung.

Unser Wohnort war jetzt wirklich reitzend, und blieb selbst zur Fluthzeit vollkommen trocken, indem die Canäle, die wir gegraben hatten, sich alsdann mit frischem, kühlendem Wasser füllten. Die Hecken aber, die unsre Felder und Gärten umgaben, waren sauber beschnitten, und brachten noch außerdem allerley Früchte zu unserm Gebrauch hervor. Die Häuser und Brücken waren alle im besten Stande, und die strengste Aufmerksamkeit auf Reinlichkeit in allen Stücken ward

den

den Leuten auf das nachdrücklichste empfohlen, und durch dieses einfache Mittel war jetzt unter funfzigen nicht ein Kranker zu finden, wo so kurze Zeit vorher Schmutz, Gestank und Seuchen aller Art herrschten, vorzüglich aber der Scharbock in allen seinen ekelhaften Gestalten.

Was mich selbst anbetraf, so genoß ich der vollkommensten Gesundheit und Fülle der Heiterkeit, indeß die meisten meiner Cameraden, entweder todt oder nach Europa zurückgekehrt waren, so daß kein einziger Officier jetzt den Rang über mir hatte, diejenigen allein ausgenommen, welche schon ehedem on dieses heiße Clima gewöhnt waren.

Doch ich kehre noch einmal zu meinem Garten zurück. Dieser brachte jetzt Mohrrüben, Kohl, Zwiebeln, Gurken, Salat, Radise, Pfeffer und Kresse in Menge, und in eben solcher Vollkommenheit, als in Europa, hervor; außerdem prangte er mit schönen Blumen und blühenden Gesträuchen, die den vortreflichsten Wohlgeruch verbreiteten. Vorzüglich schmückten ihn mehrere Gattungen Jasmin. Die schönste Sorte desselben wächst auf einem kleinen Strauch, ist von schöner blaßrother Farbe, und höchst angenehmen Geruch; die Blätter aber sind dick, glänzend, und mit einem milchartigen Saft angefüllt. Auch fand man hier mehrere Gattungen der Sensitiva oder empfindlichen Pflanze, Granatenbäume und

und indianische Rosen, die alle Tage blühen, und die Ufer der Canäle schmückten, zierlich gestaltete rothe Lilien, die auf den Sawannahs wild wachsen und Blätter vom schönsten, glänzensten Grün haben.

Meine Soldaten, und selbst die Neger waren vollkommen glücklich, und die vollständigste Eintracht und Heiterkeit herrschte unter beyden, die ich soviel als möglich zu befördern suchte, indem ich ihnen oft einen frohen Abend gestattete, und alle mit einer mäßigen Quantität Rum aufheiterte.

Um indeß auch ihre Wachsamkeit zu prüfen, befahl ich eines Tages heimlich der Schildwache, des Nachts ihr Gewehr abzufeuern, und einen falschen Allarm zu geben, als ob der Feind auf dem Guthe wäre, und hatte das Vergnügen zu sehen, daß alle sogleich nach den Waffen griffen, und mit der grösten Ordnung und Unerschrockenheit hervorstürzten. Ich fand diesen Versuch um so nothwendiger, da das Gerücht sich würklich verbreitete, daß die Rebellen in Kurzem den Gegenden am Comawina einen Besuch zu machen gedachten.

Wir erfuhren jetzt leider, daß keine irdische Glückseligkeit dauernd seyn kann, denn eben im vollständigsten Genuß alles dessen, was das Leben angenehm macht, verbreitete der Anfang der trockenen Jahreszeit, die sich jetzt einstellte, mit
einem-

einemmal überall Krankheit und Tod; zu Magdeburg und am Jawabach starben täglich 10 bis 12 Mann an ansteckenden Seuchen, und auch unsre Anzahl verminderte sich beynahe stündlich. Hiezu kam noch, daß den 4ten Junius, als wir eben des Königs Gesundheit tranken, die Fluth alle unsre Dämme durchbrach, und den ganzen Posten unter Wasser setzte, wodurch eine ungeheure Verwirrung entstand; und in diesem hülflosen Zustande weigerte sich der elende Aufseher Blendermann uns den geringsten Beystand zu leisten, welches mich so heftig aufbrachte, daß er die Flucht ergriff, und in größter Eile die Plantage verließ. Ich würde nie fertig werden, wenn ich alle Unverschämtheiten dieser Nichtswürdigen herzählen wollte, die mehrentheils der Abschaum des Erdbodens sind, in Deutschland oder sonstwo unter dem Stock eines Corporals groß gezogen, und mit wahren Sklavengesinnungen hieher gesetzt, um die Henker ihrer unglücklichen Mitmenschen zu werden.

Doch fällt mir bey dieser Gelegenheit eine spitzige Antwort eines freyen Negers ein, die mir viel Vergnügen machte. Einer von jenen Elenden sagte mit einer höhnischen Miene zu dem Schwarzen, glaubst du nicht, daß die Affen eine Raße verdammter Christen sind, die diese Verwandlung erlitten haben, weil sie euch und eures gleichen zu gelind behandelten? Nein, mein

Herr,

Herr, erwiederte der Schwarze, ich glaube nicht, daß die Affen verdammte Christen sind, aber ich und wir alle glauben, daß viele, die sich Christen nennen, ein Haufen verdammter Affen sind.

Den 7ten sahe ich in einigen neuangebauten Feldern an dem jenseitigen Ufer des Flusses, Herrn Moryn, den Administrator von dem Guthe Esperance, und den unverschämten Blendermann mit ihm spazieren gehen, und da ich noch eine Scharte mit ihm auszuwetzen hatte, ruderte ich herüber, um unsren Zwist auszugleichen; seine Feigheit aber gab seiner Unverschämtheit nichts nach, und sobald er mich sahe, machte er alle mögliche Entschuldigungen, und erbot sich, die beschädigten Dämme ausbessern zu lassen, und so ward der Frieden wieder hergestellt.

In den Wäldern, welche diese neuangebauten Felder umgaben, sahe ich hier zum erstenmale die Vanillepflanze, welche sich mit Hülfe ihrer Ranken um die Stämme der Bäume schlingt. Sie hat übermäßig dicke, dunkelgrüne Blätter, und sechs bis acht Zoll lange dreyeckige Schoten oder Hülsen, die eine Menge kleine, glatte Saamenkörner enthalten. Diese Schoten werden vierzehn Tage lang in der Sonne getrocknet, wo sie denn eine braune Farbe annehmen, und einen fetten ölichten aromatischen Geschmack haben, weshalb man sie zum Würzen der Chokolade gebraucht.

Bey

Bey meiner Zurückkunft nach Esperance begegnete mir Cojo, Johannens Vetter, der einen sogenannten heulenden Pavian geschossen hatte, und ihn mir zeigen wollte. Diese Thiere sind so groß, als ein kleiner Fleischerhund, rothbraun von Farbe, mit langen Haaren bewachsen, und überhaupt sehr häßlich; vorzüglich aber zeichnen sie sich von andern Affen durch ihr abscheuliches Geheul aus, welches sie gemeinschaftlich in ganzen Chören, und so laut anstimmen, daß man es eine Meile weit hören kann. Die Neger versicherten mich, sie stimmten dieses Geschrey beständig bey Tage und bey Nacht um die Zeit an, wo die Fluth am höchsten steigt, welches sie, vermöge eines Instinkts, genau wissen sollen.

Bey dieser Gelegenheit fällt mir eine merkwürdige Sache ein, von der ich ein Augenzeuge war, und die auch den bewundernswürdigen Instinkt der Thiere beweist.

Den 16ten besuchte mich ein benachbarter Guthsbesitzer, den ich sogleich die Leiter hinauf in meine Hütte führte; kaum aber hatte er meine schwebende Wohnung betreten, als er mit einem Satz wieder hinunter sprang, wie ein Wahnwitziger schrie und heulte, und sich augenblicklich mit dem Kopf zuerst in den Fluß stürzte. Ich konnte nicht begreifen, was ihn anwandelte, als ich aber hinaufblickte, entdeckte ich mit einemmale ein ungeheures Nest wilder Bienen in dem Dach, gerade über meinem Kopf, als ich in der Thüre stand; dieser Anblick jagte mich in die Flucht, so wie die Stiche jener Thiere meinen Vorgänger vertrieben hatten, und ich ging sogleich, um Befehl zu geben, das Nest zu vertilgen. Ein alter Neger aber trat herbey, und erbot sich, irgend eine Strafe zu erdulden, wenn je eine von diesen Bienen mich selbst stechen sollte. „Lieber Herr, sagte er, die Bienen würden sie längst gestochen haben, wenn sie ihnen feind gewesen wären; aber da sie ihre Hausgenossen sind, das heißt, da sie unter ihrem Dache haben bauen dürfen, kennen sie zuverläßig beyde, sie und die ihrigen, und werden nie einem unter ihnen Schaden zufügen.' Ich nahm den Vorschlag an, und ließ den alten Neger an einen Baum binden, und Quaco muste darauf ganz nackend die Leiter besteigen, welches er auch that, ohne gestochen zu werden. Hierauf wagte ich mich hinauf, und kann feyerlich versichern, daß selbst, nachdem ich das Nest herzhaft geschüttelt hatte, so daß alle Bienen mir um die Ohren schwärmten, ich doch von keiner einzigen gestochen wurde. Nunmehr befreite ich den alten Neger, und belohnte ihn für seine Entdeckung mit einem Gallon Rum und einer englischen Krone (1 Rthlr. 16 Gr.). Seitdem behielt ich diese Bienen als meine Leibwache bey, und manchen schönen Sprung haben sie den Sklavenaufsehern zu meiner Belustigung abge=

nö=

nöthigt, wenn ich sie unter irgend einem unbedeutenden Vorwande die Leiter hinaufschickte, um sie für ihre Grausamkeit und Ungerechtigkeit zu bestrafen.

Eben der alte Neger erzählte mir, auf seines Herrn Guthe befände sich ein alter Baum, auf dem seit undenklichen Zeiten eine Gesellschaft Vögel und ein Bienenschwarm in dem besten Vernehmen mit einander wohnten. Sobald fremde Vögel es wagen, die Bienen zu beunruhigen, werden sie sogleich von den gefiederten Bundesgenossen dieser letztern zurückgeschlagen, und wiederum, wenn fremde Bienen sich den Vogelnestern nähern, werden sie von dem einheimischen Schwarm angegriffen und zu Tode gestochen. Er setzte hinzu: sein Herr und die ganze Familie hegten eine so große Achtung für diese verbündeten Gesellschaften, daß man den Baum als ein Heiligthum betrachtete, und es wäre bey strenger Strafe verbothen, eine Axt an ihn zu legen, bis er durch die alles verwüstende Zeit von selbst fallen würde.

Den 22sten kam eine Patrouille von Rintwyk in Pirica bey uns an, und brachte die Nachricht, daß eine Parthie unsrer Truppen eben nach den Jawabach, auf ihrem Zuge nach Vredenburg, zurückgekehrt waren. Mit Hülfe der schwarzen Jäger hatten sie dort viele Aecker der Rebellen verwüstet, und diese letzteren zum Lohn ihrer treuen Dienste von der Societät neue Waffen und grüne Jacken als Uniform erhalten. Ferner erfuhr ich, daß die Abgesandten an die Ouca und Seramicaneger nach einer fruchtlosen Reise zurückgekommen waren, indem diese beyden kleinen Nationen allen Beystand verweigerten. Dieser Weigerung zufolge hatte der Oberste Fourgeoud den Entschluß gefaßt, alle fernern Unternehmungen aufzugeben, und meldete vorläufig diesen Vorsatz den Erbstatthalter.

Den 23sten erhielt ich bestimmte Befehle, mich in Bereitschaft zu setzen, um mit allen Truppen unter meinem Commando den 15ten Julius aufzubrechen, und nach Paramaribo zu schiffen, wo die Transportschiffe in Stand gesetzt werden sollten, um uns nach Holland zurückzuführen. Ich las diesen Befehl sogleich meiner versammelten Mannschaft vor, die ihn mit grenzenloser Freude und einemmaligen lauten Huzza empfingen. Nur ich seufzte darüber aus Herzensgrunde, indem ich an meine Johanna und an meinen Knaben dachte, die gerade um diese Zeit beyde gefährlich krank lagen, erstere am Fieber, letzterer an Convulsionen, so daß man an ihrem Aufkommen zweifelte. Außerdem hatte ich mir einen Nagel ganz durch den Fuß gestoßen, und fühlte mich also vollständig unglücklich.

Während diesem Zeitpunkt von Krankheit und Muthlosigkeit, bekamen wir allnächtlich einen Besuch von der Nachteule von Guiana, die

sogar

sogar bis in mein Schlafgemach drang, und ihr
melancholisches Gewinsel hören ließ, bis einer
von meinen Leuten sie tödtete. Die abergläubi=
schen Neger glauben steif und fest, daß wo sich
diese Eule sehen läßt, sich bald ein Todesfall er=
eignen muß, ein Vorurtheil, welches um so mehr
zu entschuldigen ist, da dieses Thier gewöhnlich
nur die Krankenzimmer besucht; wahrscheinlich
aber wird sie nur von den Lichtern herbeygelockt,
die man mehrentheils bey diesen Gelegenheiten
brennt, oder auch von der verdorbenen, faulen
Luft, die ihr Aussichten auf Beute giebt.

Eine alte Indianerin, von Johannens Be=
kanntschaft, die sie hatte nach Esperance kommen
lassen, stellte mich durch ihre Geschicklichkeit und
Sorgfalt bald völlig von meinem Schaden her;
meine kleine Familie blieb aber noch immer so
krank, daß ich es für das beste hielt, sie nach
Paramaribo zu schicken, ehe es zu spät war. Den
10ten July schickte ich auch alle meine Schaafe
und mein Federvieh nach Falkenberg, zwey fette
Mutterschaafe allein ausgenommen, die ich schlach=
ten ließ, und mit Hülfe von Wildpret und Fi=
schen, damit zwey Tage lang vier und zwanzig
der angesehensten Einwohner der umliegenden
Gegend bewirthete, wozu mir einer meiner gu=
ten Freunde noch Weisbrod, spanische Weine und
Früchte schenkte, um das Fest vollständig zu
machen.

Den

Den 14ten kam ein Officier von den Societätstruppen mit einem Commando an, und übernahm meinen Posten; ich ließ auch sogleich meine Fahne auf den Barken aufstecken, nahm gegen Abend von Johannens Verwandten auf Falkenberg Abschied, die sich mit vielen Thränen und guten Wünschen von mir trennten, und den 15ten schiffte ich mich und meine Leute ein, und segelten den Comawina hinab, um uns nach Paramaribo zu begeben.

Achtes Kapitel.

Den 15ten Julius gegen Abend kamen wir in der Gegend der Plantage Bergshoven vor Anker, wo ich die Nacht auf dem Lande mit meinem guten Freunde, Herrn Gourlay, zubrachte; und den 18ten die ganze Flotte, die aus meinen Barken, denen von Magdeburg und vom Fluß Cottica bestand, glücklich in der Rhede von Paramaribo vor Anker kam, wo drey Transportschiffe uns zu empfangen bereit lagen, denen ich sogleich die Truppen, die unter meinem Commando gekommen waren, überlieferte.

Gleich darauf ging ich an Land, und stattete dem Obersten meinen Rapport ab, worauf ich mich zu meiner Johanna begab, die ich zu meiner großen Freude, mit ihren Knaben weit besser antraf.

Den

Den folgenden Tag ward ich wieder an Bord geschickt, um einige nothwendige Einrichtungen für die Reise zu machen, und den 20ſten ſpeiſte ich bey dem Oberſten Fourgeoud, wo ich verſchiedne Früchte bey dem Nachtiſch fand, die ich hier noch nicht geſehen hatte. Eine derſelben nennt man in Surinam Zurzacke oder Surſack. Sie wächſt auf einem Baum von mäßiger Höhe, der eine graue Rinde hat, die Blätter haben einige Aehnlichkeit mit denen des Pomeranzenbaumes, und wachſen zwey und zwey beyſammen. Die Frucht iſt länglicht und zugeſpitzt, wie eine Birne, aber größer, als die gröſten Früchte dieſer Art, und überall mit unſchädlichen Stacheln beſetzt; die Haut iſt ſehr dünn, und das Fleiſch iſt eine weiſſe markige Subſtanz, von milchweiſſer Farbe und ſüſſem Geſchmack, mit einer lieblichen Säure vermiſcht, und enthält eine Menge Saamenkörner, wie große Apfelkerne. Eine zweyte Gattung Früchte waren die Sabatillen, die auf einem groſſen Baume, mit Lorbeerähnlichen Blättern wachſen. Die Frucht iſt ſo groß, als eine Pfirſich, ganz rund, von brauner Farbe, und mit weichem Flaum bedeckt. Das Fleiſch hat einige Aehnlichkeit mit einem Gelee, und in demſelben findet man den Saamen; der Geſchmack des Fleiſches iſt überaus ſüß, ſo daß es vielen ganz und gar widerſteht.

Den

Den 21sten erhielten wir unsern rückständigen Sold, aber in Papiergeld, wobey wir beträchtlichen Verlust hatten. Ich ging sogleich mit dem meinigen, welches aber nicht mehr betrug als vierzig Pfund Sterling, zu Madame Godefroy, um einen Theil meiner Schuld bey ihr damit abzutragen. Diese vortrefliche Frau lag mir nochmals dringend an, meinen Sohn und seine Mutter mit nach Holland zu führen, aber vergebens; Johanna war ganz unbeweglich und bewies den gröſten Heldenmuth; alle unsre Bitten machten nicht den geringsten Eindruck, und sie blieb dabey, sie könnte mir nie folgen, bis die ganze Summe ihres Lösegeldes, bis auf den letzten Heller bezahlt sey. Es blieb uns allen also nichts übrig, als uns unserm Schicksal zu unterwerfen; mit welchen Empfindungen läßt sich eher denken als beschreiben.

Die Fahnen des Regiments wurden nun feyerlich an Bord gebracht, und die ganze Expedition auf diese Art beschlossen. Von dem Fort Zelandia aber ward nicht eine einzige Canone uns zu Ehren gelöset, auch nicht einmal die Fahne aufgesteckt, zu großer Kränkung des Obersten, der indessen durch seine eigne Nachläßigkeit Anlaß dazu gegeben, und nicht einmal dem Gouverneur seine vorhabende Abreise gemeldet hatte. Die Bagage ward nunmehr auch an Bord geschickt, und ein Privatmann, Namens van Heyf, bewir-

there

thete die Soldaten auf seine eigne Kosten mit 300 Bouteillen Wein, Früchten u. s. w.

Ich habe schon sehr oft der Gastfreyheit und Freygebigkeit dieser Leute Gerechtigkeit wiederfahren lassen, und auch jetzt noch gaben sie mir neue Beweise davon, indem sie mir eine Menge Erfrischungen und eingemachte Früchte auf die Reise mitgaben.

Den 24sten July, da alles in Bereitschaft war, begaben wir uns alle zusammen nach dem Gouvernementshause, um von seiner Excellenz förmlich Abschied zu nehmen. Er empfing uns mit der grösten Höflichkeit, gab aber doch unserm Helden zu verstehen, daß wenn seine Fahnen an Bord geschaft werden sollten, er nicht ermangeln würde, sie mit allen Ehrenbezeugungen zu begrüßen, die ihnen mit allem Recht zukämen. Nach diesem schickte er noch das ganze Corps der Societätsofficiere nach dem Hauptquartier, um uns förmlich Glück zur Reise zu wünschen.

Nunmehr wurden die Officiere auch eingeschifft, und vereinigten sich mit der Mannschaft, die schon seit den 18ten am Bord war, und alle erwarteten mit der grösten Freude den Anbruch des folgenden Tages, wo wir unter Segel gehen sollten.

Das Schicksal hatte aber beschlossen, daß ihre heißesten Wünsche und Erwartungen noch

einmal

einmal bereitelt werden sollten, denn in eben dem Augenblick, als die Anker gelichtet wurden, ließ sich ein Schiff auf der Rhede sehen, welches den Befehl überbrachte, daß das Regiment sogleich wieder in die Wälder marschiren, und in der Colonie bleiben sollte, bis es von andern Truppen abgelöset würde. Die aufrichtigen Danksagungen des Prinzen von Oranien, wurden nunmehr der Mannschaft von dem Verdeck eines jeden Schiffes, für das männliche und muthige Betragen, welches sie während einer so langen Prüfung, und bey so vielen großen und unerhörten Beschwerden gezeigt hatten, vorgelesen; da aber diese Danksagungen mit dem Befehl schlossen, die Truppen wieder an Land zu setzen, machten sie wenig Eindruck, und nie habe ich Muthlosigkeit, getäuschte Erwartung und Verzweiflung in so starken Zügen gezeichnet gesehen; nur ich allein, der kurz vorher so unglücklich gewesen war, fühlte mich jetzt froh und vergnügt.

In dieser allgemeinen Niedergeschlagenheit erhielten die Leute Befehl, ein dreymaliges Huzzah anzustimmen, welches die Soldaten auf dem einen Schiffe sich aber durchaus zu thun weigerten; der Oberste Seyburg und ich zu meiner großen Betrübniß wurden nun beordert, sie dazu zu zwingen, welches der Oberste sogleich mit einem Rohrstock in der einen, und einem Pistol mit gespanntem Hahn in der andern Hand zu

thun

thun unternahm. Da ich seine unmäsige Hitze
kannte, zitterte ich für die Folgen, und sprang
sogleich in ein Boot, welches an der Seite des
Schiffs lag, wo ich diejenigen, die sich über das
Geländer lehnten, zuredete, und der Schiffsmann-
schaft zwanzig Gallons holländischen Kornbrand-
wein versprach, wenn sie nur den Anfang zu dem
verlangten Freudengeschrey machen wollten, denn
stieg ich wieder auf das Verdeck, und benachrich-
tigte den Obersten, daß sie bereit wären, seinen
Befehlen Folge zu leisten. Wir traten alsdann
in das Boot, und hatten bey dem Abstoßen desselben das Vergnügen, ein lautes, dreymal wie-
derholtes Huzzah von den Matrosen zu empfangen, in welches einige Soldaten mit trübem Blick
und schwerem Herzen einstimmten.

Die Güte des Erbstatthalters zeigte sich bey
allen diesen widrigen Umständen dennoch in einem hellen Licht. Er hatte Befehl gegeben, daß
alle Privatrechnungen, welche die Truppen an
Aerzte und Wundärzte zu entrichten hätten, aus
dem öffentlichen Schatz bezahlt werden sollten, ein
Vortheil, der, so gering er einigen scheinen mag,
vielen Officieren nicht wenig erwünscht war, und
eine Fürsorge von Seiten des Fürsten für seine
Leute bewies, die bey Prinzen nicht immer zu
finden ist.

So betrübend der Befehl zur Landung für
die Truppen war, so erwünscht war er auf der
als

andern Seite den Colonisten. Diese hatten schon wirklich vorher eine Bittschrift, von den vornehmsten Einwohnern unterzeichnet, dem Obersten überreicht, worin sie ihn baten: "das Regiment noch einige Zeit in Surinam zu lassen, um den Rebellen den letzten Streich zu versetzen, und was wir so rühmlich angefangen hatten, eben so rühmlich zu vollenden." Dies war auch in der That gegründet, denn unser Regiment hatte wirklich mit Hülfe der Societätstruppen und der schwarzen Jäger die meisten Anlagen der Rebellen verheert, so daß ihre feindlichen Einfälle und die Desertionen der Sklaven ungleich seltener, als vor unserer Ankunft waren. Ein solcher Entschluß war unstreitig dem schimpflichen Frieden vorzuziehen, den die Holländer ehedem mit den Ouca und Seramicanegerrebellen zu schließen gezwungen wurden, und welches wahrscheinlich ohne unsre Dazwischenkunft wieder der Fall gewesen wäre.

Wie übermüthig diese jetzt unabhängigen Wilden übrigens sind, beweist folgende kleine Begebenheit, die ich selbst erlebte, indem ich noch einige Zeit nach der Landung in Paramaribo blieb, weil man den Truppen Zeit lassen wollte, sich recht zu erhohlen, ehe sie wieder zu Felde zogen.

Ich speiste eines Tages bey meinem Capitain Macneyl, als ein Capitain der Oucaneger, (unsrer vermeinten Bundesgenossen) herein kam, und
die

die Dame des Hauses um Geld ansprach. Da der Kerl sehr dringend war, rieth ich ihr auf Englisch, sie möchte ihm einen Schnaps geben, und denn würde er sich wohl begnügen; der Kerl verstand mich aber zum Unglück, und rief mich vor die Thür, und sagte, indem er sein Rohr mit silbernem Knopf aufhob: Ist das Haus euer? und wenn es nicht euer ist, was mischt ihr euch in meine Angelegenheiten? Ich bin, setzte er mit donnender Stimme hinzu, der Capitain Fortunat Dago Sio, und wenn ich euch in meinem Lande zu Ouca hätte, sollte die Erde euer Blut trinken. Ich antwortete ihm aber ganz kurz, indem ich meinen Degen zog: ich hieße Stedman, und wenn er sich unterstünde, ein unverschämtes Wort mehr zu sagen, würde ich ihm meinen Degen durch den Leib rennen; worauf er mit den Fingern schnalzte und davon ging. Gegen Abend begegnete mir der nemliche schwarze Kerl wieder, und sagte, indem er dicht zu mir trat: Herr, ihr seyd ein Mann, ein sehr braver Kerl, wollt ihr nun nicht dem Ouca=Capitain Geld geben? Ich schlug es ihm trocken ab, er aber küßte mir die Hand, und wies mir die Zähne, wie er sagte, zum Zeichen der Versöhnung, und versprach mir ein Geschenk von Pistacien, die aber nie ankamen, und die ich auch gewiß nicht berührt hätte, wenn sie gekommen wären.

Ungeachtet wir nun noch in Surinam blieben, konnten unsre Dienste der Colonie in Zukunft wenig nützen, da unsre Anzahl so gering war, und selbst von diesen wenigen wurden neun Officiere und hundert und sechzig Gemeine, alle theils krank, theils unheilbar, den 1sten August wieder nach Holland eingeschifft. Ich hatte in dieser Zeit gerade das kalte Fieber, und man bot mir an, einer von den Zurückkehrenden zu seyn. Ich lehnte es aber ab, weil ich, wo möglich, den Ausgang des Unternehmens abzuwarten wünschte.

Der Major Medlar ging auch von Krankheit ganz erschöpft nach Holland zurück, so daß ich jetzt den Dienst als Major versehen muste, und beynahe hoffen konnte, einmal das Regiment selbst zurückzuführen, weil unsre Officiere täglich abnahmen, und doch hatten unter diesen Umständen noch zwey den Muth, sich in den Ehestand zu begeben, und zwey creolische Damen, beyde Wittwen, zu heirathen.

Da ich nun den 10ten ziemlich wieder hergestellt war, ging ich zu Madame Godefroy, und bath sie, wenigstens die Freyheit meines Sohnes zu sichern, und sich für die gewöhnliche Summe von 300 Pf. St. vor dem Gericht zu verbürgen, indem er nie der Colonie zur Last fallen sollte. Sie schlug mir aber meine Bitte rund ab, obgleich bey der Sache kein Risico war, da es eine bloße Formalität betraf; ich konnte nicht umhin,

hin, mich darüber zu wundern, bis ich erfuhr, daß sie eine ähnliche Gefälligkeit ihrem eignen Sohn verweigert hatte.

Ich will dieses Capitel noch mit einigen Bemerkungen über die Neger beschließen.

Ihre äußere Bildung ist vom Kopf bis zu den Füßen sehr von der eines Europäers verschieden, ohne jedoch deshalb unvollkommner zu seyn, wenn wir nur alle Vorurtheile schwinden lassen. Ihre dicken Lippen, platten Nasen und hohen Backenknochen, scheinen uns zwar Mängel; dagegen aber sind wir doch gezwungen, ihre glänzend schwarzen Augen, und schönen weissen Zähne zu bewundern, und wenn gleich eine schwarze Haut dem Auge nicht sowohl behagt, als eine weisse, so hat sie doch den Vorzug, daß Kränklichkeit ihr nicht jenes bleiche sieche Ansehen giebt, welches in Europa so häufig ist, indem nur ein sehr hoher Grad von Krankheit ihre Farbe entstellt.

Uebrigens ist ihr Körper zu allen Uebungen und Bewegungen weit geschickter und gelenker, als der unsrige, auch durch die Form angemeßner, indem der Stamm stark und muskulös und die Extremitäten fein geformt sind. Sie haben beynahe durchgängig eine schöne breite Brust, aber dabey schmale Hüften; ihre Hintertheile sind vorstehender, und ihre Hälse dicker, als die unsrigen; die Lenden sind stark, wie auch die Arme oberhalb den Ellenbogen, aber die Knöchel

an

an den Händen und der untere Theil der Beine sind sehr schmal. Was die Krümmung dieser letztern anbetrift, so ist dieses kein natürlicher Fehler, sondern entsteht daher, daß die Mütter, wenn sie ihre Kinder auf dem Rücken tragen, ihre zarten kleinen Beine an jeder Seite des Leibes fest anbinden.

In den ersten beyden Jahren ihres Lebens pflegen die Mütter auch, wenn sie die Kinder noch säugen, sie oft eine Menge Wasser verschlucken zu lassen, und sie denn kräftig zu schütteln; denn nehmen sie solche bey einem Arm oder Bein, und werfen sie gerade ins Wasser, welches nicht wenig dazu beyträgt, sie stark und gewandt zu machen. Die Mädchen werden eben so erzogen, und sind daher nicht minder geübt im Schwimmen, Laufen, Klettern, Tanzen und Fechten, als selbst die Männer.

Diese abgehärteten Töchter eines heissen Erdstriches sind auch bewundernswürdig fruchtbar. So habe ich selbst bey Herrn de Graaf eine Negresse gekannt, die man Lesperanze nannte, und die nicht weniger als neun Kinder in drey Jahren zur Welt brachte. Das erste Jahr vier, das zweyte zwey und das dritte drey. Sie bringen dabey, wie die indianischen Weiber, ihre Kinder ohne Schmerzen zur Welt, und gehen gleich den nemlichen Tag an ihre häuslichen Geschäfte. In den ersten acht Tagen sind ihre Kinder

der völlig so weiß, als die Europäischen, nur bey den Knaben zeigt sich etwas Schwärze an gewissen Theilen, welche sich allmählig über den ganzen Leib verbreitet. Die Mädchen werden außerordentlich früh mannbar, aber auf diese frühe Reife folgt gewöhnlich ein eben so vorzeitiges Alter; doch erreichen viele Neger ein hohes Alter, ich habe selbst zwen gekannt, die über hundert Jahr alt waren, und in dem Londner Chronicle vom 5ten Oktober 1780, geschieht eines Negerweibes in Südamerika, Namens Louise Truxo oder Tucomea, Erwähnung, welche in einem Alter von hundert und fünf und siebenzig Jahren noch am Leben war; wahrscheinlich hatte sie dabey ihre Jugend bey schwerer Arbeit zugebracht, wie die meisten andern Sklaven, und obgleich die Neger diese Anstrengung in einem heißen Clima weit besser ertragen, als die Europäer, so kann man doch eben nicht behaupten, daß sie den uncultivirten Naturmenschen in Guinea und in Guiana natürlich sey, indem dort die ersten Bedürfnisse des Lebens ohne große Mühe hervorgebracht werden, und die Vegetation in der grösten Fülle ohne die Arbeit des Landmanns ihre Schätze darbeut. Eben so wie die Neger Ermüdung und Hitze weit besser als die Europäer ertragen, sind sie auch gegen Kälte und Feuchtigkeit abgehärtet, und schlafen, ohne Nachtheil für ihre Gesundheit, nackend auf nassem Rasen,

Stedmans Nachr. v. Sur. 2. Th.   K   in=

indeß ich oft gegen Morgen unter meiner Hangmatte ein Feuer anzünden ließ, und die Soldaten, aus Mangel desselben, vor Frost mit den Zähnen klapperten, wie im Fieber. Hunger und Durst, Schmerz und Krankheit leiden sie gleichfalls mit der grösten Geduld und Entschlossenheit.

Alle die verschiedenen Negerstämme unterscheiden sich von einander durch besondere Zeichen und Einschnitte am Leibe; zum Beyspiel die Coromantyns, die besonders geschätzt werden, erkennt man an drey bis vier langen Schnitten oder Schlitzen auf jeder Wange.

Die Loangoneger aber, die man für die schlechteste Raße hält, bezeichnen die Haut auf den Seiten, Armen und Lenden mit fünf viereckichten erhabenen Figuren, wie die Würfel eines Schachbretts; diese feilen sich auch die Vorderzähne ganz spitz, welches ihnen ein fürchterliches Ansehen giebt; dabey werden alle vom männlichen Geschlecht wie die Juden beschnitten.

Bey dieser Gelegenheit muß ich noch eine besondere Raße von Negern erwähnen, die man Acorris oder Zweyfinger nennt, und die unter den Seramicanegern an den obern Gegenden des Flusses gleiches Nahmens wohnen. Diese Menschen sind so allgemein verunstaltet un Händen und Füßen, daß einige nur drey oder vier Finger und Zehen haben, andre sogar nur zwey, die wie die Scheeren eines Hummers, oder wie

die

die durch Feuer oder andre Zufälle beschädigten und schlecht geheilten Gliedmaßen eines Körpers aussehen. Diese Verunstaltung eines Einzelnen würde nichts befremdendes haben, daß aber eine ganze Menschenklasse so verkrüpelt seyn sollte, ist höchst merkwürdig. Ich habe von diesen Leuten nur zwey selbst gesehen, und zwar in zu großer Entfernung, um Zeichnungen zu entwerfen; ich kann daher die Wahrheit dieser Thatsache nicht verbürgen. Ich weiß aber zuverläßig, daß man eine Zeichnung von einem dieser Menschen an die Gesellschaft der Künste und Wissenschaften zu Harlem geschickt hat.

Doch ich fahre in meiner Erzählung fort. Die Neger glauben alle an einen Gott, dessen Macht sie anbeten, und auf dessen Güte sie vertrauen; sie essen auch nie, ohne der Gottheit einen Theil ihrer Speise darzubringen. Am Gambia und Senegal sind sie mehrentheils Mahomedaner, doch ist ihr Gottesdienst mit vielen andern abergläubischen Gebräuchen vermischt. Unter andern bemerkte ich, daß sie häufig kleine Opfer unter dem wilden Baumwollenbaum brachten, und fragte sie über die Bedeutung dieses Gebrauches, worauf mit ein alter Neger folgendes antwortete: Lieber Herr, wir haben auf der Küste von Guinea keine Kirchen oder öffentliche Versammlungshäuser, wie ihr hier habt; da nun dieser Baum der gröste und schönste in unserm Lande ist,

ist, versammeln sich die Leute unter demselben, wenn sie unterrichtet werden, oder sich gegen den Regen und die brennende Sonnenhitze schützen wollen. Unter diesem Baum hält auch unser Gadoman oder Priester seine Ermahnungen, und daher haben unsre gemeinen Leute eine so große Ehrfurcht für denselben, und würden ihn um keinen Preis umhauen.

Die Neger sind beynahe durchgängig sehr abergläubisch, wie auch ihre Obias und Amulete beweisen; auch hegen sie eine große Ehrfurcht für gewisse alte Weiber, die zu weissagen vorgeben, und deren Weissagungen sie blindlings glauben. Diese Weiber haben gewöhnlich eine oder mehrere zahme Schlangen, die so abgerichtet sind, daß sie sich um ihren Hals, Leib und Arme schlingen, ohne ihnen den geringsten Schaden zu thun, welches sie durch übernatürliche Kräfte zu bewirken vorgeben.

Ein anderer allgemeiner Aberglaube unter ihnen ist, daß in jeder Familie vom Vater auf den Sohn ein Verbot, irgend eine Gattung Fleisch zu essen, überliefert wird; dieses verbotene Fleisch nennen sie Treff, und es ist entweder ein Thier, ein Vogel oder ein Fisch; was es aber auch sey, so beobachten sie das Gesetz unverbrüchlich.

Vor allen aber ist die Rachgier eine von den auszeichnendsten und unauslöschlichsten Zügen in
dem

dem Charakter eines Neger, und nichts kommt ihr gleich, als nur ihre Dankbarkeit; denn in eben dem Maaß, wie sie für erhaltene Wohlthaten erkenntlich sind, sind sie auch gegen Beleidigungen empfindlich. Man hat schreckliche Beyspiele von dem, was diese Leidenschaft bey ihnen hervorgebracht hat. Bey der Empörung in der Colonie Berbice haben Sklaven kein Bedenken getragen, die schwangern Weiber ihrer Herren, in Gegenwart dieser letztern, bey lebendigem Leibe aufzuschneiden; und folgende Thatsache ist über allen Zweifel bestätigt. Ein Sklave war in der Familie, der er zugehörte, übel behandelt worden, und rächte sich dafür auf folgende schreckliche Art. Seine Herrschaft war aus gewesen, und fand bey ihrer Zurückkunft alle Thüren verschlossen, und der Sklave erschien mit ihren drey schönen Kindern, oben auf dem platten Dache des Hauses; als sie ihn befragten, warum er sie nicht einliesse, beantwortete er die Frage, indem er das jüngste der Kinder von oben herabstürzte; man drohte, und sein Bruder hatte ein ähnliches Schicksal; man bath, vergebens, das dritte Kind folgte den beyden ersten, und da alle drey todt zu der Eltern Füßen lagen, und seine Rache befriedigt war, stürzte er sich selbst herab, und versprützte sein Gehirn unter die erstaunten Zuschauer. Ein anderer erstach den schuldlosen Herrn, um sich an der grausamen Frau zu rächen,

chen, denn, sagte er, sie selbst zu tödten, wäre nur eine geringe Strafe, aber alles, was man liebt, zu verlieren, ist ein ewiges Leiden, und für ihn wäre es die süßeste Befriedigung. In der Kunst, tödtliche Gifte zu bereiten, sind sie überaus erfahren, und man hat Beyspiele, daß sie dergleichen unter dem Nagel führen, und jemanden beybringen können, indem sie nur einen Finger in ein Glas Wasser tauchen, welches sie ihm reichen. Ganze Plantagen erfahren zuweilen ihre Rachsucht, und werden die Opfer ihrer Wuth, sie tragen sogar kein Bedenken, Dutzende ihrer Freunde und Verwandten mit zu vergiften, wenn sie nur ihren Herrn dadurch sein Vermögen schmälern können.

Ausser dieser unmäßigen Rachbegierde sind die Neger auch mehrentheils sehr unmäßig im Essen, und häufig dem Trunke ergeben, und ich habe selbst gesehen, daß ein Negermädchen auf einen Zug eine Schaale ausleerte, in der zwey Bouteillen Medoc waren, die ich ihr gegeben hatte, um zu sehen, wie viel sie trinken würde.

Unter diesen Negern giebt es auch einige, die Menschenfresser sind, vornemlich behauptet man es von dem Stamme der Gengoneger. Bey der Einnahme von Boucou, einem Wohnorte der Rebellen, fand man auch verschiedene Töpfe am Feuer, welche Menschenfleisch enthielten, und einer von den Officieren, welcher die Neugierde hatte,

hatte, es zu kosten, versicherte, es schmecke völlig so gut als Rind= oder Schweinfleisch.

Nachdem wir uns nun so lange von ihren Fehlern unterhalten haben, müssen wir auch gerecht seyn, und ihre guten Eigenschaften herzählen, deren es gewiß nicht minder giebt.

Von ihrer Dankbarkeit ist schon oben gesprochen worden, und man hat Beyspiele, daß sie solche so weit getrieben, daß sie für Menschen, denen sie Verbindlichkeiten schuldig waren, ihr Leben aufgeopfert haben. Nichts übertrift ihre Treue und Ergebenheit gegen Herrschaften, die ihnen gut begegnen, welches beweist, daß ihre Liebe eben so stark als ihr Haß ist. Eben so verdient auch ihre Sittsamkeit und zartes Gefühl bemerkt zu werden, denn unter den vielen tausend Negern, die ich in mehrern Jahren gesehen habe, ist es mir nie vorgekommen, daß nur ein einziger den Versuch gemacht hätte, einem Frauenzimmer öffentlich einen Kus zu rauben. Die Zärtlichkeit der Weiber für ihre Kinder ist gleichfalls sehr groß und lobenswerth, denn während den zwey Jahren, daß sie solche gewöhnlich säugen, entziehen sie sich gänzlich allen nähern Umgang mit ihren Männern, indem sie das Gegentheil für unnatürlich und der Gesundheit der Kinder nachtheilig halten. Ihre Reinlichkeit ist auch außerordentlich groß, indem sie durchgängig täglich dreymal baden.

Die

Die Neger sind vorzüglich muthig und tapfer, geduldig im Unglück, und gelassen unter den heftigsten Schmerzen. Ich entsinne mich nie gesehen zu haben, daß ein Afrikaner eine Thräne vergoß, obgleich sie auf das dringendste und rührendste um Mitleid flehen, wenn sie um irgend eines Vergehens willen, welches nach ihrem eigenen Gefühl Strafe verdient, zur Geisselung verurtheilt werden. Halten sie aber die Strafe für unverdient, so ist augenblicklicher Selbstmord nur zu oft die Folge, vornemlich bey den Coramantonnegern, welche oft während der Geisselung den Kopf in den Nacken werfen, und ihre Zunge verschlucken, woran sie sogleich ersticken, und ihren Herrn todt zu Füßen fallen. Verdienen sie hingegen die Strafe, so nehmen sie solche mit bewundernswürdiger Ergebung und Demuth hin.

Nach dieser allgemeinen Charakterschilderung der Neger, will ich noch kürzlich ihren verschiedenen Zustand unter der strengen Zuchtruthe des Despotismus und der Tiranney, und unter der milden Pflege der Menschlichkeit und Gerechtigkeit beschreiben.

In welchem elenden Zustande die armen Afrikaner gewöhnlich das Ziel ihrer Reise erreichen, und das Schiff verlassen, ist nur zu wohl bekannt, und sehr begreiflich, wenn man bedenkt, wie sie wäh=

während ihrem Aufenthalt in demselben, behandelt werden.

Dem ungeachtet werden sie unter der Aufsicht und Pflege einiger alten Neger, denen man sie gleich nach der Landung übergiebt, bald wieder fett und glatt, und lernen die Sprache der Colonie; alsdenn schickt man sie in das Feld an die Arbeit, der sie sich gemeiniglich mit vielem guten Willen unterziehen; doch habe ich auch Beyspiele von neuimportirten Negern gesehen, die sich durchaus zu arbeiten weigerten, und weder Versprechen, Drohungen, Belohnungen noch Schläge konnten sie dazu vermögen. Diese waren aber Pflanzer oder Leute von vornehmem Stande in ihrem Vaterlande gewesen, und durch zufällige Umstände Sklaven geworden, und hatten noch jetzt eine so edle Denkungsart, daß sie einen unvermeidlichen Tod der Dienstbarkeit vorzogen. Bey dergleichen Gelegenheiten habe ich zuweilen gesehen, daß die andern Sklaven auf die Knie fielen, und ihren Herrn um die Erlaubniß baten, daß man ihnen gemeinschaftlich, die ihrem unglücklichen Landsmann aufgegebene Arbeit übertragen möchte; und, wenn dieses zuweilen bewilligt wurde, fuhren sie fort, den gefangenen Prinzen eben die Aufmerksamkeit und Ehrfurcht zu beweisen, an die er in seinem Vaterlande gewöhnt war.

Sobald die armen Fremdlinge in dem Eifer bey ihrer Arbeit nachlassen, so nimmt der Oberaufseher seine Zuflucht zu Peitschen, Bambusrohren, Fesseln und Ketten, um ihren Fleiß zu befördern, bis die Unglücklichen unter den gehäuften Lasten beynahe erliegen. Bey einigen Herren ist ihre Arbeit nie vollendet, und sie müssen Tag und Nacht, und selbst an den Sonntagen, ihr schweres Joch schleppen. So entsinne ich mich eines jungen starken Negers, welcher Marquis hieß, und ein hübsches Weib und zwey schöne Kinder hatte, die er sehr liebte, dieser war äußerst arbeitsam, und vollendete gewöhnlich seine aufgegebene Frohne, einen fünfhundert Fuß langen Graben zu machen, gegen vier Uhr Nachmittags, und die übrige Zeit benutzte er, seinen kleinen Garten zu bestellen, zu fischen, zu jagen, und seine geliebte kleine Familie zu ernähren. Kaum aber hörte sein menschenfreundlicher Herr von seinem Fleiß, so meldete er ihm, daß wenn er um vier Uhr mit fünfhundert Fuß fertig würde, könnte er unfehlbar vor Sonnenuntergang sechshundert vollenden, und diese Aufgabe muste der arme Unglückliche von dem Tage an, täglich zu Stande bringen.

Die Sklaven in Surinam gehen beynah ganz nackend, und ihre tägliche Speise ist beynahe nichts als einige wenige Yamwurzeln und Pisangs; außerdem bekommen sie vielleicht zweymal

mal im Jahr etwas gesalzenen Fisch und Taback, und weiter nichts; das schrecklichste bey ihrem Schicksal aber ist, daß wenn ein Paar Eheleute noch so glücklich mit einander leben, so muß die Frau doch, wenn sie jung und hübsch ist, sich den ekelhaften Liebkosungen eines wollüstigen Oberaufsehers unterwerfen, oder sich entschließen, ihren Mann halb todt geißeln zu lassen, wenn er es hintertreiben will.

Zufolge dieser mannichfaltigen Uebel endigen so viele ihr Leben durch Selbstmord, entlaufen in die Wälder zu den Rebellen, oder werden, wenn sie bleiben, muthlos und melancholisch, und schmachten unter unzähligen Krankheiten, die aus ihrer üblen Behandlung entstehen. Dergleichen sind, ein weisser scorbutischer Ausschlag, der den ganzen Körper bedeckt, und Lota genannt wird; die Krätze, die sie Krassy Krassy nennen. Die sogenannten Yawsk, eine schreckliche Krankheit, die viele der venerischen gleich achten, indem der ganze Körper überall mit gelben Geschwüren bedeckt ist. Nicht leicht bleibt ein Neger von dieser Seuche frey, aber er wird davon nur einmal befallen. Sie ist eben so ansteckend, als die Pocken bey uns, und wenn eine Fliege, die die Yawkranken gewöhnlich bedecken, sich auf die unbedeutendste Wunde einer gesunden Person setzt, sie hätte sich auch nur gekratzt oder die Haut beschädigt, so bekommt sie diese Krankheit

heit gewiß, und muß Monate lang das Bette
hüten. Das gewöhnliche Heilmittel besteht in
der Speichelkur, und strenger sparsamer Diät,
mit vieler Bewegung, um Ausdünstung zu be=
fördern; und während der Krankheit haben die
Patienten das Ansehen entseelter Leichname.

Der Aussatz, hier Boassy genannt, ist noch ge=
fährlicher, und man hält ihn für unheilbar. Das
Gesicht und alle Glieder sind bey diesem Uebel
geschwollen, der ganze Körper ist mit Geschwü=
ren und Schorf bedeckt, der Athem hat einen
häßlichen Geruch, die Haare fallen aus, die Fin=
ger und Zehen gerathen in Fäulniß, und fallen
Gliederweise ab. Das schlimmste bey diesem
Aussatz ist, daß wenn die Kranken gleich keine
Hofnung zur Genesung haben, sie doch Jahre
lang dabey schmachten müssen. Da die Krank=
heit sehr ansteckend ist, so werden die Patienten
von aller menschlichen Gesellschaft entfernt, und
ihnen ist daher in einem der abgelegensten Win=
kel der Plantage ein Aufenthalt angewiesen.

Die Clabbayaws sind ebenfalls ein beschwer=
liches schmerzhaftes Uebel. Sie verursachen ver=
schiedene Wunden in den Füßen, vorzüglich an
den Fußsohlen zwischen der Haut und dem Flei=
sche. Die gewöhnliche Kur bey diesen Wunden
besteht darin, daß man die schadhaften Theile
mit einem heissen Eisen ausbrennt, oder mit ei=
nem scharfen Messer ausschneidet. Hierauf trö=
pfelt

pfelt man heissen Limoniensaft in die Wunde, welches zwar für den Kranken sehr schmerzhaft ist, ihn aber doch gewiß von dieser Krankheit befreyet.

Die Neger werden überdem von mancherley Würmern geplagt, weil sie so oft durch faules Wasser waden müssen, und die gröbsten Speisen geniesen. Unter diesen ist der guineische oder Bandwurm am häufigsten. Er zeigt sich bey den Negern zwischen der Haut und dem Fleisch, in der Größe von anderthalb bis zwey Ellen. Er hat eine glänzende Silberfarbe, und ist von der Dicke einer starken Violinsaite. An den Beinen zeigt er sich am häufigsten, und verursacht schmerzhaften oft gefährlichen Geschwulst. Zeigt sich der Kopf des Wurms ausser der Haut, so ist kein ander Mittel, ihn zu vertreiben, als diesen zu fassen, und den Wurm langsam und behende aus der Oefnung herauszuwinden. Zerreißt aber der Wurm beym zu schnellen herauswickeln, so geht das Glied, zuweilen auch das Leben verlohren. Manche sind zu gleicher Zeit von sieben bis acht dieser Würmer geplagt.

Man darf sich daher nicht wundern, daß alle Plantagen mit einer Menge kranker abgemergelter Neger angefüllt sind, die man blos der Kur eines schwarzen Chirurgus überläßt, weil sie ausser diesen Uebeln, auch an allen andern europäischen Krankheiten leiden. Diejenigen, welche
von

von unaufhörlichen Geisseln und Schlägen beynahe geschunden sind, genießen keiner Pflege, und sie können allenfalls ohne Haut arbeiten.

Zu diesem auf sie gehäuften Elend, das Clima und schlechte Nahrung erzeugen, kommt noch die Grausamkeit der Sklavenaufseher hinzu, welche viele Neger zur Arbeitsamkeit untüchtig, und vor der Zeit alt und gebrechlich macht. Allein diese Sklavendespoten haben Mittel genug in Händen, ihre Herren von der Last zu befreyen, zur Arbeit untaugliche Neger auf ihren Plantagen zu ernähren, indem sie solche insgeheim tödten oder umbringen lassen, um dem Herrn lauter gesunde tüchtige Neger vorzuzeigen, und vorgeben, sie wären an der venerischen Seuche gestorben. Ihren Worten wird gemeinhin Glauben beygemessen, denn kein Neger darf oder wagt es, gegen sie zu zeugen. Sollte aber ein Europäer gegen einen solchen Abschaum des menschlichen Geschlechts auftreten, so ist der Thäter doch von aller Strafe frey, wenn er eine Buße von 50 Pf. St. und den Preis des Negers erlegt, wenn der Eigenthümer sein ausgelegtes Geld wieder verlangt.

Diese Ungeheuer haben aber Gelegenheit genug, aller Strafe zu entgehen, wenn auch die Obrigkeit selbst bey dergleichen Vorfällen gegenwärtig seyn sollte. So weiß ich zuverläßig, daß ein solcher Sklaventreiber, der einen durch Krankheit und grausame Behandlung ausgemergelgelten Neger nicht länger um sich leiden wollte, ihn mit auf die Jagd nahm, um das Wild aufzutreiben, und den Neger auf den ersten Schuß tödtete. Dies hieß nachher zufälliger Tod, und der Mord ward nicht weiter untersucht. Ich weiß ferner, daß man andere Neger auf folgende Art umgebracht hat. Auf offnem Felde wird ein Pfahl eingeschlagen, der Neger daran gekettet, und der brennenden Sonnenhitze ausgestellt. Täglich bringt man ihm einen Krug Wasser und einen Pisang. So stirbt er allmählig eines langsamen, schrecklichen Todes; aber dies heißt in Surinam nicht verhungern lassen, weil der Aufseher versichert, es habe dem Neger bis an sein Ende nicht an Essen und Trinken gefehlt, und der Thäter wird freygesprochen.

Eine andere Art, sich unbrauchbare Neger vom Halse zu schaffen, wird in dieser Kolonie eben so oft ungestraft ausgeübt. Der Sklave wird nackt an einem Baum im Walde festgebunden, unter dem Vorwand, seine Glieder auszudehnen. In diesem Zustand wird er freylich täglich genährt, eigentlich aber von den Musquitos und andern Insekten zu Tode gemartert. Neger zu ersäufen, daß man sie über Bord stürzt, mit einem Gewicht an den Beinen, damit sie gewiß untersinken, heißt ebenfalls ein zufälliger Tod. Man hat Beyspiele, daß Neger auf den Befehl eines Weibes heimlich lebendig verbrannt wor-

worden sind, indem man sie mitten in einem Haufen aufgethürmter Reisbündel jämmerlicher Weise angekettet hatte. Ihnen aber die Zähne ausbrechen, weil sie von dem Zucker, den sie selbst mit ihrem Schweiß bauen, gekostet haben, oder aus irgend einem heimlichen Unwillen die Nase aufschlitzen, und die Ohren abschneiden, rechnet man für Kleinigkeiten, die nicht erwähnt zu werden verdienen, oder gar für lustige Einfälle.

Durch diese und ähnliche unmenschliche Behandlungen werden diese unglücklichen Menschen zuweilen zu einem so hohen Grade von Verzweiflung getrieben, daß einige, um diesen mehr als egyptischen Frohndienst zu entgehen, sich in die Kessel mit siedendem Zucker gestürzt haben, wodurch sie den Tyrannen zugleich um seinen Knecht und seine Erndte brachten.

Kann es unter diesen Umständen befremdend seyn, wenn sich Armeen von Rebellen in den Wäldern versammeln, und nur nach Gelegenheit dürsten, ihre Rache zu befriedigen?

Ich beschließe die abscheulichen Anekdoten mit einer allgemeinen Bemerkung, welche beweist, wie sehr die Bevölkerung unter dieser unmenschlichen Behandlung leidet.

In Surinam rechnet man im Durchschnitt 75000 Negersklaven. Wenn man von dieser Anzahl die Kinder und alten abgelebten, zur Arbeit untauglichen Männer und Weiber abzieht, kann

man

man nicht über 50,000 brauchbare starke Menschen annehmen. Sechs bis zwölf Guineafahrer führen jeder jährlich 250 bis 300 Sklaven ein; man kann daher die jährliche Einfuhr, welche nöthig ist, um die oben angenommene Summe vollzählig zu erhalten, auf 2500 rechnen, so daß die Zahl der Gestorbenen die der Gebohrnen jährlich um 2500 übersteigt, obgleich jeder Neger eine, und wenn er will auch zwey Weiber hat; dieser Verlust beträgt in der ganzen Maße gerade 5 Procent, und beweist folglich, daß die ganze Zahl der gesunden Neger einmal in zwanzig Jahren auszusterben pflegt *).

Der

*) Die angegebene Zahl der Neger in Surinam ist richtig, und 1785. waren dort nach den Steuerregistern 51,160 Sklaven vorhanden. Da in Westindien bey den Zählungen immer kranke, abgelebte, unbrauchbare Neger, auch wohl Hausneger verhehlt werden, so ist es nicht unwahrscheinlich, daß 56,000 Sklaven in jener Colonie vorhanden seyn können. Allein in dem Verhältniß des weiblichen zu dem männlichen Geschlecht hat Herr Stedman sich gewiß geirrt. Es ist ein alter Vorwurf des Negerhandels, daß zu viel männliche Sklaven gegen die zu geringe Anzahl der weiblichen aus Afrika geholt werden, daß daher nur wenig Neger eine Frau nehmen können, und daß eben deswegen die jährliche Zufuhr so nothwendig ist, weil nur eine kleine Anzahl

Eben

Der Wahrheit und Gerechtigkeit gemäß, muß ich jedoch gestehen, daß die oben beschriebenen Grausamkeiten nicht allgemein sind. Es giebt hin und wieder noch Herrschaften, die ihre Sklaven als Menschen behandeln, und unter solchen Herrn und einem ehrlichen Oberaufseher ist die tägliche Arbeit eines Sklaven nur eine gesunde Bewegung, die mit Sonnenuntergang aufhört; die übrige Zeit des Tages ist sein, und er beschäftigt sich in derselben mit Fischen, Jagen, Anbauen seines Gartens, und Körbe und Netze zum Verkauf zu verfertigen; mit dem hieraus gelöseten Gelde kauft er sich ein oder zwey Schweine, oder etwas Federvieh, die er ohne Kosten mit dem freywilligen Ertrag des Bodens ernährt, und in der Folge mit Vortheil verkauft. In dieser angenehmen Lage lebt er seine Tage ohne Sorge und Kummer, bezahlt keine Abgaben, und blickt ruhig auf seinen Herrn, als seinen Beschützer und Erhalter. Er athmet in einem wollüstigen Clima, dem seinigen ähnlich, wo er nackend gesünder und bequemer ist, als ihn eine lästige Bekleidung erhalten könnte; seine Wohnung kann er sich ganz nach seiner Willkühr erbauen,

Ehen auf den Plantagen statt finden können. Daß die Holländer mehr Negressen, als andere Nationen kaufen sollten, läßt sich schwerlich gedenken.

hauen, und der Wald liefert ihm dazu alle erforderliche Materialien. Sein Lager ist eine Hangmatte, oder eine andre selbst verfertigte Binsenmatte. Seine Töpfe bereitet er selbst, und seine Schüsseln sind Kürbisse, die in seinem Garten wachsen. Er lebt nie mit einem Weibe, die er nicht liebt, denn sobald von einer Seite Ueberdruß entsteht, vertauscht er sie gegen eine andre, und ungeachtet dieser Freyheit sind Trennungen dieser Art weit seltener als in Europa. Ausser dem wöchentlichen Deputat von Speisen, welches er von seinem Herrn erhält, versteht seine Frau allerley wohlschmeckende Gerichte zu bereiten. Dergleichen ist Braf, ein Gemengsel von Yams, Pisang, Pöckelfleisch, gedörrten Fischen und Cayennepfeffer. Tomton, eine Art Pudding, von türkischem Waizen, mit Fleisch, Geflügel, Fischen, Cayennepfeffer und den jungen Schoten der Okra oder Altheapflanze. Pepperpot besteht aus gekochten Fischen und Capsicum, und wird mit gerösteten Pisangs gegessen. Sein gewöhnliches Getränk ist der klare Bach, zuweilen mit etwas Rum versetzt. Stößt ihm eine Krankheit oder Verletzung zu, so wird er unentgeldlich geheilt; selten aber bemüht er die Facultät, denn er besitzt selbst allerley Kenntnisse von Kräutern, und versteht sich gelegentlich zu schröpfen. Wird er vom Ungeziefer belästigt, so verklebt er sich die Haare mit Thon, läßt ihn auf den Kopf trocknen,

und

und wäscht sich hierauf mit Seife und Wasser, wodurch er äußerst sauber und rein wird. Seine Zähne gleichen dem Elfenbein, und um sie so zu erhalten, bedient er sich blos eines kleinen Zweigleins von einem Pomeranzenbaum, welches an einem Ende zerkaut ist, so daß es einer Bürste ähnlich sieht; nie sieht man einen Neger, Mann oder Weib, ohne dieses kleine Instrument, welches ohnedem die Eigenschaft hat, den Athem wohlriechend zu machen.

So bringt er sein Leben hin, und nach seinem Tode begraben ihn seine Verwandten in einem Pomeranzenhayn, in einem Sarg vom besten Holz und sorgfältig bearbeitet, und singen dabey ein Lied zu seinem Andenken. Denn wird das Grab zugeworfen, ein grüner Rasen sauber darüber gelegt, und ein Paar große Kürbisschalen mit gekochtem Geflügel, Schweinfleisch und Cassava daneben gestellt. Hierauf nimmt jeder von ihm Abschied, indem er mit ihm spricht, als ob er noch lebte, bezeigt seine Betrübniß über seinen Tod, und setzt hinzu: er hoffe ihn an einem bessern Ort wieder zu sehen. Alsdenn wird ein fettes Schwein geschlachtet, nebst Enten, Hühner u. s. w., und seine Verwandten geben allen übrigen Negern ein Fest, welches bis an den folgenden Tag dauert. Seine nächsten Anverwandten scheeren sich hierauf die Haare ab, und binden ein dunkelbraunes Tuch um den Kopf, wel-

che

che Trauer sie ein ganzes Jahr lang tragen. Nach Verlauf desselben besuchen sie das Grab von neuem, gießen eine Opferschaale auf demselben aus, nehmen nochmals Abschied, und ein zweytes Fest macht den Beschluß.

Neuntes Kapitel.

Ungeachtet der wiederhohlten Niederlagen der Rebellen, brachte man den 12ten August die Nachricht nach Paramaribo, daß sie auf einem Guth Bergendaal, auch Parnassus genannt, in den obern Gegenden des Surinamflusses, eingefallen wären, und alle schwarzen Weiber weggeführt hätten, ohne jedoch, wie sonst wohl, irgend eine Art von Grausamkeit auszuüben. Gleich nach dieser Nachricht ward eine Parthey Jäger abgeschickt, um den Rebellen nachzusetzen; auch ward beschlossen, den lang entworfenen Plan auszuführen, einen Cordon oder Circumvallationspfad rings um die Colonie zu hauen, und siebenhundert Negersklaven wurden an diese Arbeit gestellt. Dieser Cordon sollte in Zukunft in gehörigen Entfernungen mit Piquets besetzt werden, um die Plantagen gegen alle Angriffe von außen zu vertheidigen, und die Desertion von jenen zu verhüten.

Der Berg Parnassus oder der blaue Berg liegt an der Westseite des Surinamflusses, beynahe

nahe hundert englische Meilen von Paramaribo,
wenn man die Krümme des Flusses mitrechnet;
übrigens ist die Gegend hier sehr angenehm. Eine eben so schöne Lage hat das Dorf, welches
den Namen der Juden-Savannah führt, und
in gerader Linie etwa vierzig englische Meilen von
der Stadt liegt; zu Wasser aber ist es mehr als
sechzig. Die Juden haben an diesem Orte eine
schöne Synagoge, und begehen hier ihre feyer-
lichen Feste und Festtage; auch findet man dort
ihre vornehmste Schule und ihr Seminarium,
denn in dem Dorfe selbst wohnen viele der angesehensten jüdischen Familien. Sie besitzen in dieser Colonie ganz besondere Vorrechte, welche ihnen König Karl der Zweyte schenkte, als Surinam noch unter brittischer Bothmäßigkeit war.

Von Paramaribo an, oder vielmehr von der
Festung Neu-Amsterdam, sind die Ufer des Surinamflusses, wie die des Cottica und Comawina
mit schönen Zucker- und Caffeeplantagen eingefaßt, nebst einigen andern Bächen und kleinen
Flüssen, die mit ihnen zusammenhängen, als der
Paulus, die Para ꝛc. Aber jenseits den Parnassus findet man nicht eine einzige Plantage.
Auch ist der Fluß weiter hinauf nicht mehr schiffbar,
selbst nicht für kleine Fahrzeuge, wegen der un-
geheuren Felsen und hohen Wasserfälle, die seinen Lauf unterbrechen, indem er durch gewaltige
Gebirge und undurchdringliche Wälder fließt.

Diese

Diese natürlichen Bollwerke der Colonie bilden zwar sehr romantische prächtige Aussichten, erschweren aber auch zugleich die Entdeckungen ins Innere des Landes, die vielleicht die Mühe des Forschers mit großen Reichthümern belohnen könnten.

Seit einiger Zeit schien es, als ob die Grausamkeiten an den Flüssen, aus Furcht vor den Rebellen, seltner geworden wären; dagegen aber wurden sie noch immer im höchsten Grade in der Hauptstadt ausgeübt, und meine Ohren wurden unabläßig von den Knallen der Peitschen und den jammerndem Geschrey der armen Neger betäubt. Vornehmlich zeichnete sich unter den grausamen Urhebern dieser scheußlichen Anblicke eine Demoisell Sp—n aus, die neben an bey Herrn de Graaf wohnte, und wie ich mit Grauen aus meinem Fenster hören und sehen konnte, Befehl ertheilte, ein junges Negerweib vornehmlich queer über die Brüste zu geisseln, und bey der Vollziehung ihres heillosen Befehls ein teuflisches Vergnügen zu genießen schien. Um den Eindruck zu verwischen, den diese verhaßte Scene auf mein Gemüth gemacht hatte, setzte ich mich in einen Whiskey, und fuhr spatzieren, und gerade, als ob ich an diesem Tage bestimmt war, lauter widrige Gegenstände zu sehen, so war der erste, der mir unterweges in die Augen fiel, ein nackendes Negermädchen, die aus einem

Dachfenster auf einem Haufen Glasscherben herabstürzte; dieses war zwar ein Zufall. Das Mädchen war nicht todt, indessen doch so schrecklich zerfetzt, daß sie einen eben so scheußlichen Anblick gewährte, als jenes unglückliche, von den Geisselhieben ihrer Tirannin zerfleischte Schlachtopfer. Ich fluchte meinem eigensinnigen Schicksal, und lenkte meine Pferde nach dem Strande zu, als dem einzigen Orte, wo ich mit dergleichen Schauspielen verschont zu werden hoffen konnte; aber auch hier sahe ich zwey Matrosen von Philadelphia, die sich auf dem obern Verdecke eines Schiffes herumbogten, in den Strom fielen, untersanken und ohne Rettung verlohren blieben. Ganz muthlos kehrte ich zurück, und vertiefte mich in die Betrachtung der mannigfaltigen Unglücksfälle, deren die geringern Menschenklassen ausgesetzt sind. Die erste Begebenheit des folgenden Tages war nur zu sehr dazu gemacht, jene Vorstellungen wieder zu erregen; ich hörte nemlich eine Menge Menschen vor meinem Fenster vorbeykommen, und als ich aufsprang, um die Veranlassung dieses Zusammenlaufs zu erfahren, erblickte ich drey mit Ketten beschwerte Neger, die man nach der Savannah führte, um dort ihr Urtheil zu vollziehen. Ich bin zwar kein Liebhaber von dergleichen schauderhaften Auftritten, die Unerschrockenheit in ihren Mienen aber reizte mich, um den Erfolg zu sehen.

hen. Als wir in der Savannah ankamen, las man ihnen ihr Urtheil in holländischer Sprache vor, (die sie nicht verstanden), und zufolge dessen ward einer bestimmt, unter dem Galgen ausgepeitscht, und seinem Mitverschuldeten der Kopf mit einer Axt abgeschlagen zu werden, weil er einen Sklaven todtgeschossen hatte, der auf dem Guthe seiner Frau Pisangs hatte stehlen wollen. Eigentlich aber war die That auf ausdrücklichen Befehl seiner Herrschaft geschehen, und nur als die Mordthat auskam, hielt sie es für das rathsamste, um ihren guten Namen zu retten, und zugleich der Geldbuße zu entgehen, ihren kostbaren Sklaven aufzuopfern, und einen schmählichen Tod zu überliefern. Er legte mit großer Gleichgültigkeit seinen Kopf auf den Block, und ein Streich trennte ihn von dem Rumpf.

Der dritte Neger, welcher Neptune hieß, war kein Sklave, sondern ein freyer Mann, und ein Zimmermann seines Gewerbes; er war jung und wohl gebildet, und hatte den Oberaufseher des Guthes Altona am Parabach, zufolge eines vorhergegangenen Zankes, getödtet, und büßte demnach sein Leben gerechterweise ein. Doch verdienen die genauern Details dieser Begebenheit angeführt zu werden. Dieser Mensch hatte ein Schaaf gestohlen, um ein geliebtes Mädchen damit zu bewirthen; der Oberaufseher, der aus Eifersucht brannte, schwur, ihn dieses Raubes deß wegen, an den Galgen zu liefern. Um einer so harten Bestrafung zu entgehen, schoß ihn der Neger unter dem Zuckerrohre todt, und ward für dieses Vergehen verurtheilt, lebendig gerädert zu werden, ohne den Vortheil des Gnadenstoßes zu haben. Als man ihm sein schreckliches Urtheil ankündigte, legte er sich ganz gelassen auf ein starkes hölzernes Kreuz, worauf man ihm Arme und Beine ausstreckte, und mit Stricken festband. Der Henker, der ebenfalls ein Schwarzer war, hieb ihm alsdenn die linke Hand ab, dann nahm er eine schwere eiserne Stange und zerbrach ihm mit derselben durch wiederhohlte Schläge die Knochen, bis das Mark, Blut und die Splitter im Felde umher flogen, welches der Delinquent ohne einen Seufzer erduldete. Die Stricke wurden nun gelöset, und ich hielt ihn für todt, und fühlte mich glücklich in dieser Vorstellung, bis die Gerichtspersonen Anstalten machten, aufzubrechen, da er sich mit einemmale krümmte, und von dem Kreuz auf das Gras hinunterfiel, indem er ihnen allen als ein Pack grausamer Schurken fluchte; denn befreyte er seine rechte Hand mit Hülfe seiner Zähne, stützte den Kopf auf das Holz, und forderte von den Zuschauern eine Pfeife Taback, welche Bitte diese Unmenschen erwiederten, indem sie ihn bespuckten und mit den Füßen stießen, doch machte ich mit Hülfe einiger nordamerikanischen Matrosen diesem

sem Unwesen bald ein Ende. Er bath hierauf, aber vergebens, daß man ihm den Kopf abschlagen möchte. Endlich, da er seines Elendes kein Ende sahe, erklärte er, daß, obgleich er zu sterben verdiente, hätte er doch einen so vielfachen Tod nicht erwartet, aber, setzte er hinzu, ihr Christen habt doch zuletzt euren Zweck verfehlt, und nun kümmert es mich nicht, wenn ich noch vier Wochen so leben sollte. Hierauf sang er mit heller Stimme zwey Lieder aus dem Stegereif, in denen er von seinen noch lebenden Freunden und Verwandten Abschied nahm, und den Verstorbenen ankündigte, er würde bald bey ihnen seyn, um ihre Gesellschaft in einem bessern Lande zu genießen. Als dieses vollendet war, ließ er sich ganz gelassen mit den Umstehenden in ein Gespräch über alle Umstände seiner Verurtheilung ein; mit einemmal aber brach er kurz ab, und sagte: „nach der Sonne zu urtheilen, muß es acht Uhr seyn, und es würde mir leid thun, meine Herren, wenn sie um meinetwegen ihr Frühstück versäumten." Denn warf er die Augen auf einen Juden, und rief ihm zu: „Apropos, wollen sie mir nicht die zehen Schillinge bezahlen, die sie mir schuldig sind?" „Was wollt ihr damit machen?" „Essen und Trinken kaufen, was sonst? Seht ihr nicht, daß ich lebendig erhalten werden soll?" und diese Rede begleitete der Unglückliche, als er sahe, daß der Jude ihn dumm

und

starr anstaunte, mit einem lauten Gelächter. Hierauf bemerkte er, daß die Schildwache gelegentlich ein Stück trocken Brod aß, und fragte ihn, wie es zuginge, daß er, ein Weißer, kein Fleisch zu seinem Brodt hätte? „Weil ich nicht reich genung bin," antwortete der Soldat; „denn will ich euch ein Geschenk machen," sagte der Neger, „erst naget meine abgehauene Hand rein ab, bis auf die Knochen, und denn verzehrt meinen Leib, bis ihr gesättigt seyd, und denn werdet ihr Fleisch und Brodt haben, wie es euch am besten zukommt." Diesen launischen Einfall begleitete er mit einem zweyten Gelächter, und so fuhr er fort, bis ich ihn verließ, welches drey Stunden nach der schrecklichen Execution geschah. Man muß in der That bewundern, daß die menschliche Natur im Stande ist, so viel Qualen zu ertragen, und nur gemischte Wuth, Verachtung, Stolz, und der Wunsch, seinen Quälern zu trotzen, konnte ihm die Kraft dazu geben. Seinen Tod beförderte eine mitleidige Schildwache, welche ihm mit dem Gewehr auf den Kopf schlug, und dadurch den Hirnschädel zerschmetterte.

Den 24sten, dem Geburtstage des Prinzen von Oranien, bewirthete der Oberst Fourgeoud alle Officiere mit gesalzenem Rind- und Schweinefleisch, Gerstenpudding und harten Erbsen, und an demselben Tage bestätigte ich den Vertrag mit der braven Madam Godefroy (da die

ar=

arme Johanna unerschütterlich bey ihrem Vorsatz blieb), in Gegenwart ihrer Mutter und anderer Verwandten. Darin versprach sie Johannen nie irgend jemand, ausser mir, abzutreten, so lange sie am Leben bliebe; nach ihrem Tode aber sollte sie nicht allein ihre Freyheit, sondern auch ein Stück Acker mit einem kleinen Hause haben, mit welchen sie nach Belieben schalten und walten könne. Hierauf gob sie mir meine Verschreibung auf die übrigen 900 Fl. zurück, und beschenkte Johanna mit einem Beutel, worin 20 Dukaten waren, und einigen Stücken ostindischen Zitze. Zu gleicher Zeit erinnerte sie mich, der Regierung eine Bitte um des kleinen Johanns unmittelbare Freylassung einzureichen, wenn ich auch zugleich die erforderliche Bürgschaft noch nicht in Bereitschaft hätte. Ich dankte dieser vortreflichen Frau für alle ihre Güte, und da ich an eben dem Abend bey dem Gouverneur speiste, überreichte ich ihm zugleich in der Fülle meiner Freude meine Bitte in aller Form. Er steckte sie ganz gelassen in die Tasche, drückte mir die Hand herzlich und sagte mir ganz freymüthig, er wolle meine Bitte dem Gericht vorlegen, er wäre aber denn fest überzeugt, mein Junge müsse Lebenslang ein Sklave bleiben, wenn ich nicht die erforderliche Bürgschaft schaffen könne, worauf sich nicht leicht jemand einlassen würde. Nach so viel aufgewandter Zeit und Mühe, und einer

Aus-

Ausgabe von beynahe hundert Guineen hatte ich also die Kränkung zu erfahren, daß der arme Kleine, dessen Vater und Herr ich zugleich war, Gefahr liefe, vielleicht sein Leben in der Knechtschaft zu beschließen; was aber Johanna anbetraf, so war diese nunmehr, zu meiner innigen Zufriedenheit, völlig gesichert.

Mitten unter diesen getäuschten Erwartungen aber hatte ich doch einen kleinen Trost. Der berühmte Neger, Gramman Quacy, dessen schon vorhin Erwähnung geschehen ist, war eben jetzt von Holland zurückgekommen, und brachte die Nachricht mit, daß Theils durch seine Vermittelung, ein neues Gesetz ausgefertigt wäre, vermöge dessen alle Sklaven sechs Monate nach ihrer Ankunft im Texel frey seyn sollten; ein Termin, der zwar auf Vorstellung der Colonisten bis auf zwölf Monate ausgedehnt werden konnte, aber unter keinerley Vorwande nur einen einzigen Tag weiter. Da ich nun fest überzeugt war, es würde mir eines Tages gelingen, meinen Sohn und seine Mutter über das atlantische Meer zu führen, so fühlte ich mich durch diese Hofnung gestärkt und beruhigt.

Ich werde hier, ehe ich meine Erzählung fortsetze, noch einige Nachrichten von meinem Neger Quacy hinzufügen, der wirklich in seinem Vaterlande ein merkwürdiger Mann ist. Der Erbstatthalter hatte nicht allein die Kosten seiner Reise hin

hin und her getragen, sondern ihn auch mit Geschenken überhäuft, und ihn mit einem schönen blauen und Scharlachrothen Kleide mit breiten goldnen Tressen besetzt, mit einem Federhut und einer goldnen Medaille herausgeputzt, so daß er einem holländischen General nicht unähnlich sahe. Diese Güte aber machte ihn nicht wenig übermüthig, und zuweilen wurde er sogar unverschämt.

Dieser Afrikaner, denn er ist wirklich an der Küste von Afrika gebohren, ist schon ein sehr alter Mann, (obgleich er die Anzahl seiner Jahre nicht genau angeben kann,) denn er pflegte oft zu erzählen, er hätte zu der Zeit, da der französische Commodore, Jaques Cassard, im Jahre 1712 die Colonie unter Contribution legte, als Trommelschläger gedient, und auf seines Herrn Guth Allarm geschlagen. Er hat längst durch seine Geschicklichkeit und schlaue Geschmeidigkeit Mittel gefunden, sich aus der Sklaverey zu befreyen, und führt jetzt ein gemächliches Leben bey einem guten Einkommen, welches er seiner Klugheit verdankt.

Der Ruf eines Lockomann oder Zauberers, welchen er sich unter der geringen Classe von Sklaven zu erwerben wuste, hat ihm erstaunenden Einfluß verschaft; und es ward nicht leicht irgend eine beträchtliche Bosheit auf den Plantagen ausgeübt, wo man nicht Gramman Quacy (den großen Mann Quacy) hohlen ließ, um die

Thäter zu entdecken, welches ihm auch mit Hülfe des Glaubens an seine Zaubereyen, seines durchdringenden Blicks und Ansehens unter den Sklaven selten mislang, wodurch er oft größern Uebeln für die Zukunft vorbeugte, und gelegentlich für seine Dienste ansehnliche Belohnungen erhielt. Die Jäger und alle freyen Neger in Kriegsdiensten stehen unter seinem Einfluß, und er giebt ihnen Amulete oder Obias, um sie unverwundbar und folglich furchtlos zu machen. Durch diese Betrügereyen hat er unstreitig der Colonie große Dienste geleistet, und zu gleicher Zeit hübsche Summen in seine eigene Taschen geleitet, und dabey seiner Person eine Achtung erworben, die nahe an Anbetung grenzte. Der Plunder, aus dem er seine Amulete verfertigte, machte ihm auch weiter keine Kosten, denn gewöhnlich waren es nur kleine Kiesel, Muscheln, Haare, Fischgräten, Federn u. s. w. in kleine Päckchen zusammen genäht, und mit einem baumwollenen Band um den Hals oder irgend einem andern Theil des Leibes seiner leichtgläubigen Anhänger gebunden.

Ausser dieser, und mancher andern listigen Erfindung, hatte er das Glück, im Jahre 1730 die kostbare Wurzel, die unter dem Namen der bittern Quassia bekannt, und nach ihm so benamt worden ist, zu entdecken; dieses Arzneymittel hat jetzt zwar viel von seinem Ansehen in England ver=

verfohren, in vielen andern Ländern aber wird es doch noch wegen seiner heilsamen Wirkungen, in Stärkung des Magens und Erregung des Appetits, sehr geschätzt. Ausserdem ist es ein kräftiges Mittel in Fiebern, und kann mit sehr gutem Erfolg in solchen Fällen gebraucht werden, wo die Chinarinde Ekel erregt, welches bey vielen Personen der Fall ist.

Im Jahr 1761 theilte Herr Dahlberg dem berühmten schwedischen Naturforscher, Linneus, diese Entdeckung mit, und dieser schrieb in der Folge eine Abhandlung darüber. Quacy hätte allein durch dieses Arzneymittel reich werden können, wenn ihm seine Trägheit und liederliche Lebensart daran nicht verhindert hätte.

Den 25sten August gab der Gouverneur einigen seiner Freunde ein prächtiges Gastmahl auf seiner Indigoplantage, die drey Meilen von der Stadt entfernt war. Da ich die Ehre hatte einer von den Gästen zu seyn, und mit Vergnügen das ganze Verfahren bey Verfertigung des Indigos beobachtete, will ich hier eine kurze Beschreibung davon mittheilen. Die Indigopflanze ist ein knotiges Staudengewächs, welches aus dem Saamen gezogen wird, etwa zwey Fuß hoch wächst, und in zwey Monaten seine Zeitigung erlangt. Die Art der Zubereitung ist folgende: wenn das Laub abgeschnitten ist, wird die ganze Erndte in Bündel gebunden, in ein sehr großes Faß

Faß mit Waßer gelegt, und mit schweren Klö=
tzen von Holz beschwert. In diesem Zustand ent=
steht bald eine Gährung, und in weniger als
achtzehn Stunden scheint das Waßer zu kochen,
und nimmt eine violette oder dunkelblaue Farbe
an, indem aller Farbestoff aus der Pflanze her=
ausgezogen ist. Hierauf wird das Waßer in ein
andres kleineres Gefäß abgezogen, und der Ab=
gang sorgfältig gesammelt und weggeworfen, in=
dem der schädliche Geruch jener Ueberbleibsel
von Zweigen einen sehr nachtheiligen Einfluß auf
die Gesundheit aller derer hat, die mit diesem
Geschäft umgehen. In dem zweyten Gefäß wird
die Maße sorgfältig mit hölzernen, eigen dazu
eingerichteten Schaufeln umgerührt und bearbei=
tet, damit durch gehörige Quetschung die Farbe
sich völlig von dem Waßer absondern und lö=
sen möge, indem sich Schlamm auf den Bo=
den setzt, und letzteres klar und durchsichtig
über denselben stehen bleibt. Dieses Waßer wird
hierauf sorgfältig bis dicht an die gefärbte Maße
abgeschöpft, und denn die noch übrige Feuchtig=
keit in ein drittes Gefäß abgelassen, damit aller
Indigo, den sie noch enthält, sich auf den Grund
setzen möge. Nach diesem werden die letzten
Tropfen Waßer noch abgezogen, und der Indigo
oder Satz in gehörige Gefäße zum Trocknen ge=
than, worauf man kleine, runde und länglicht=
viereckigte Täfelchen daraus formt, die von schö=

ner

her, dunkelblauer Farbe, und zur Ausfuhr vollständig bereitet sind. Der beste Indigo muß leicht, hart und glänzend seyn. In Surinam baut man diese Pflanze nur in geringer Menge, obgleich ein Pfund des verarbeiteten Produkts an vier Gulden gilt.

Nachdem die Mahlzeit auf des Gouverneurs Indigoplantage vorbey war, brachte mich die Kutsche seiner Excellenz an das Ufer des Flusses, wo eine bedeckte Gondel mit acht Ruderern bereit lag, mich nach dem Guthe Catwyk am Comawina zu führen, wohin mich Herr Goetzen, ein holländischer Seeofficier, der Eigenthümer dieser schönen Plantage, eingeladen hatte. In diesem lieblichen Aufenthalte fehlte es an keinem angenehmen Zeitvertreib; wir hatten Fuhrwerke, Reitpferde, schöne Gondeln, Billiard Tafeln u. s. w. aber die Grausamkeit der Dame des Hauses, die ihre armen Neger um jede Kleinigkeit geisseln ließ, verbitterte mir jeden Genuß. So hatte zum Beyspiel ein Knabe, der im Hause Lakayendienste verrichtete, die Gläser nicht nach ihrem Sinn gespühlt, und für dieses Versehen befahl sie, ihn am folgenden Morgen auszupeitschen; der arme Jüngling befreite sich aber bald von allen ihren Verfolgungen, denn er nahm von allen seinen Mitsklaven Abschied, ging nach oben, legte sich auf seines Herrn Bette, steckte sich die Mündung einer geladenen Vogelflinte in den Mund, zog den Hahn mit den Zehen, und endigte so sein Leben durch eine Kugel. Man schickte sogleich ein Paar starke Neger herauf, um zu sehen, was vorgefallen war, und als diese das Bett ganz mit Blut und Gehirn besudelt fanden, erhielten sie Befehl, den Leichnam aus dem Fenster den Hunden vorzuwerfen; der Herr und die Frau aber waren so bestürzt, daß sie den Schrecken nicht sobald verwinden konnten; (etwa sechs Jahr nachher wurden diese Unglücklichen von ihren Sklaven vergiftet). Auch wollte sich niemand bequemen, das Zimmer wieder zu bewohnen, bis ich es vorzugsweise vor allen andern wählte, indem es bey weitem das angenehmste Zimmer und das schönste Bette war. Ein besonderer Umstand bey der Begebenheit war, daß ein Lieblingskind, als die furchtbare That geschah, in festem Schlaf in eben dem Zimmer lag. Zum Glück aber hatte es nicht den mindesten Schaden genommen.

Ich hatte auch kaum vierzehn Tage auf dieser Plantage zugebracht, als ein armes Mulattomädchen, Namens Yatti, blos weil sie scherzhafterweise gesagt hatte, ihre Frau hätte auch Schulden, eben wie sie, nackend ausgezogen und auf eine eben so unanständige als barbarische Art von zwey starken Negern vor der Thür des Wohnhauses gegeisselt wurde, bis sie auf den Lenden und an den Seiten beynahe geschunden war, wobey

bey ihre Füße an eine starke eiserne Stange geschlossen waren. Fünf Tage nachher war ich indessen so glücklich, zu bewirken, daß sie von der eisernen Strenge befreit wurde; eine gewisse Madame van Eyns verschafte ihr aber noch in der nemlichen Woche eine zweyte Geisselung, indem sie sich beschwerte, sie sey von ihr durch ihre impertinenten Blicke beleidigt worden, und für diese schwere Sünde erhielt sie auch in der That eine so harte Züchtigung, daß ich glaubte, sie würde solche nicht überleben.

Empört durch diese Grausamkeiten verließ ich Catwyk, mit dem festen Vorsatz, nie wieder hinzukommen. Indessen begleitete ich Herrn Goetzen doch nach einigen seiner übrigen Plantagen, an den Cottica= und Piricaflüssen. Auf einer derselben, Alia genannt, überreichte man mir als eine Ehrenbezeugung ein neugebohrnes Kind, weiblichen Geschlechts, um ihm einen Namen beyzulegen, da ich es denn Charlotte nannte. Am andern Morgen wurden indeß wieder sieben Neger aufgebunden und gegeisselt, einige sogar mit einer Kuhhaut, welches äußerst schmerzhaft ist, ich flüchtete mich also so geschwind als möglich nach Sgrawenhaag, aber auch hier erwarteten mich widrige Anblicke, denn ich fand an diesem Orte einen jungen Mulatto in Ketten, Namens Douglas, dessen unglücklichen Vater ich wohl gekannt hatte, der diesen seinen Sohn als Sklave hatte verlassen müs=

müssen. Herzlich ermüdet von allem was mir begegnet war, eilte ich nach Paramaribo, wo die erste Nachricht, die ich hörte, die war, daß man Monſ. Laurant, des Oberſten Fourgeoud franzöſiſchen Kammerdiener, begraben hatte, ehe er völlig todt geweſen, und daß über dreyßig unſrer Leute hätten Spießruthen laufen müſſen, weil man ſie betrunken in einer Schenke gefunden hatte. Ich ging hierauf weg, um einen Spatziergang auf der Eſplanade zu machen, und ward dort von einem gewiſſen Herrn St — k — e herein gerufen, der mich drey Treppen hoch führte, und mir erzählte: aus dieſem Fenſter ſprang vor wenigen Tagen einer von meinen Negerjungen, um einer geſinden Tracht Schläge zu entgehen, da er aber zufolge ſeines Falles nur ohnmächtig geworden war, brachten wir ihn bald durch eine derbe Anzahl Prügel wieder zum Leben, ſo entging er ſeiner Strafe doch nicht; und dafür, daß er ſich ſelbſt, das heißt ſeines Herrn Eigenthum in Gefahr begeben, und meine Frau erſchreckt hatte, ſchickte ſie ihn nach Fort Zelandia, und dort empfängt er die Intereſſen, das heißt einen ganz verteufelten ſpaniſchen Bock.

Die Züchtigung, welche man mit dieſem Namen belegt, iſt äußerſt ſtrenge, und wird auf folgende Art an den Unglücklichen ausgeübt: Man bindet ſeine Hände zuſammen, legt ihn auf die Seite, ſtößt die Knie durch die Arme, und
steckt

steckt denn durch erstere einen starken Pfahl, welcher hernach gerade in die Erde getrieben wird, so daß er so unbeweglich liegt, als ob er todt wäre. In diesem gebundenen Zustande, in welchem er einem aufgespießten Huhn nicht unähnlich sieht, wird er von einem starken Neger mit einer Handvoll knotiger Tamarindenzweige auf die eine Hälfte des Hintern gepeitscht, bis Haut und Fleisch zugleich herunter geht, und denn kehrt man ihn auf die andre Seite, und nimmt eine ähnliche Züchtigung vor, bis die Stätte des Gerichts mit Blut gefärbt ist; um den Brand zu verhüten, wäscht man alsdenn die geschundenen Theile mit Citronensaft und Schießpulver aus, und schickt ihn nach Hause, seine Wunden auszuheilen, wie er kann.

Obige unanständige und grausame Strafe wird zuweilen wiederhohlt an allen Ecken der Straßen von Paramaribo, an Männern und Weibern, vollzogen; doch geschieht dies nie ohne einen besondern Ausspruch des Gerichts. Ein einzelner spanischer Bock kann aber von jedem Herrn eines Sklaven, ohne Rücksicht auf Alter oder Geschlecht verordnet werden, und zwar sowohl zu Hause, als indem man das Schlachtopfer nach der Festung schickt, wo man blos ein Paar Zeilen an den Henker, und einige kleine Münze für seine Bemühung beyfügt.

Ein

Ein anderer Colonist erzählte mir noch diesem, sein Koch, ein Coromantyn-Neger, habe sich eben den Hals abgeschnitten, weil er ein Ragout verdorben, und sich vor einer Geißelung gefürchtet hätte.

Nach allen diesen Thatsachen kann man noch fragen, wie es zugeht, daß die Neger gen ihre Herren die Waffen ergreifen, die ihnen so grausam begegnen!

Ich habe schon oben gesagt, daß ich dem Gouverneur eine Bitte um die Freylassung meines Sohnes eingereicht hatte, und am folgenden 8ten Oktober erblickte ich dem zufolge mit gleich großer Verwunderung und Freude eine Ankündigung angeschlagen, des Inhalts, daß wenn jemand eine gesetzmäßige Einwendung vorbringen könnte, warum das unschätzbare Guth die Freyheit, meinem Quarteroonkinde, Johann Stedman, Sohn des Capitain Stedmann, sollte vorenthalten werden, solche Person oder Personen sich vor den 1sten Januar 1777 stellen sollten. Sobald ich dieses gelesen hatte, eilte ich mit der guten Botschaft zu meinem Freunde Palmer; dieser versicherte mich aber, dies wäre eine bloße Formalität, weil man vermuthete, meine angebotene Bürgschaft wäre sicher genug, da ich dem Gouverneur mein Ansuchen so dreist vorzutragen wagte. Ich hatte hierauf nicht ein Wort zu erwiedern, und begab mich ganz niedergeschlagen zu meiner Johanna; diese munterte mich aber lächelnd auf, den Muth nicht zu verlieren, indem sie überzeugt wäre, Hänschen würde gewiß frey werden, und so gewährte sie mir in allen selbst den verzweifelnsten Fällen allemal Trost und Beruhigung.

Die wenigen noch übergebliebenen europäischen Truppen wurden nunmehr neu gekleidet, (seit 1772. zum erstenmal), und unter dem Commando der Subalternen an die Mündung des Cassiporebaches, in den obern Gegenden des Cottica geschickt, wohin die Staabsofficiere ihnen bald zu folgen Befehl erhielten. Mittlerweile bewirthete uns unser Commandeur zum erstenmal mit einem frischen Rinderbraten, der ihm auf die vorhin beschriebene Art von Amsterdam zugeschickt war.

Ich rüstete mich nunmehr wieder zu einem neuen Feldzuge, und meine gütigen Freunde versahen mich nochmals mit Wein, Liquören und allen möglichen Erfrischungen. Mein liebes Mulattomädchen aber und ihren Sohn ließ ich unter der Aufsicht der vortreflichen Madam Godefroy, und so bereitete ich mich zu einem siebenten Feldzuge, in so vollkommner Gesundheit und mit so fröhlichem Muthe, als da ich den ersten Tag mit dem Obersten und seinem Regimente das feste Land betrat.

Zehn-

Zehntes Kapitel.

Den 10ten November reisete ich in Gesellschaft einiger andern Officiere in einer bedeckten Gondel nach dem Lager am Cassiporebache ab; die ganze Stadt war gerade an diesem Tage überall in Rauch eingehüllt, indem die Wälder an der Seeküste durch einen unbekannten Zufall in Brand gerathen waren. Während unsrer Fahrt begegnete uns der Oberste Texier, der mit einem Detaschement von dem Posten Bredenburg kam. Er versicherte, die Rebellen wären seit dem bey Gadosaby erlittenen Verlust mehrentheils an das jenseitige Ufer dieses großen Flusses geflüchtet, wo sie Schutz unter denen in Cayenne angebauten Franzosen fänden; er selbst hatte indeß noch verschiedne getödtet und gefangen genommen, und die neuen Compagnien von schwarzen Freywilligen behaupteten die Ehre der Fahnen, die sie mit so vieler Feyerlichkeit vom Gouverneur empfangen hatten, indem sie beständig gefangene Rebellen von der Seeküste einbrächten, worin sie von den Indianern unterstützt wurden. So schien sich alles zu vereinigen, daß wir endlich hoffen konnten, Frieden und Ruhe in der Colonie wieder herzustellen.

Unterwegens legten wir bey dem Guthe Sardam an, dessen Eigenthümer durch die neuerliche Heyrath unser Oberstlieutenant, de Borgnes, war. Hier

Hier fand ich einen amerikanischen Matrosen, der hergekommen war, um Syrup zu laden, und dies brachte mich auf den Einfall, die Güte und Stärke des dort verfertigten Rums zu prüfen. Ich bat also den Seemann, ein Paar Gallon von dem auf dieser Plantage fabrizirten Killdevill oder Teufelsgift (die schlechteste Gattung Rum) zu färben, und als Rum, den er von Antigua mitgebracht, an Land zu bringen. Er folgte meinem Rath, und erhielt dafür sechs Gallon von dem Teufelsgift, und der Besitzer der Plantage versicherte nebst andern, sein Rum sey weit besser, als der ihrige, und tranken Punsch davon zu meiner nicht geringen Belustigung.

Nachdem wir zu Sardam waren wohl bewirthet worden, setzten wir unsre Reise fort, und kamen den 13ten glücklich in dem Lager am Casfiporebache an.

Hier war ich gleich Augenzeuge eines traurigen Zufalls; ein armer Soldat, der sich eben baden wollte, ward, sobald er ins Wasser kam, von einem großen Crokodill aufgeschnappt; sobald ich ihn sinken und verschwinden sahe, streifte ich meine Kleider ab, und tauchte ihm nach; allein es war schon zu spät, und er war nirgends mehr zu finden.

Den 20sten erhielt ich Befehl, mit einigen Subalternofficiern und funfzig Mann nach Gadosaby zu marschiren, um Entdeckungen zu machen,

chen, ob sich Rebellen noch in der Gegend aufhielten. Wir campirten gegen Abend an den Ufern des Cassiporebaches, nachdem wir höchstens sechs Meilen westwärts von der Mündung marschirt waren.

Den 21sten marschirten wir nordwärts sieben bis acht Meilen, ohne unterweges einen Tropfen Wasser zu finden, um unsern brennenden Durst zu löschen, der um so stärker war, da wir uns gerade mitten in der trockenen Jahreszeit befanden, und die Hitze dieses Jahr unerträglicher als je war.

Nunmehr änderten wir unsre Richtung nach Nordosten, und passirten trocknes Fußes jenen unglücklichen Sumpf, der uns ehedem so viel zu schaffen machte; bald nachher kamen wir an ein Feld mit Yams, welches wir verwüsteten; und etwas weiterhin campirten wir bey einer alten Rebellenniederlassung Cofeay, beynahe vor Durst erstickt, indem wir seit unserm Abmarsch noch keinen Tropfen Feuchtigkeit gesehen hatten. Die Negersklaven fanden indeß Mittel, uns hier einiges Wasser zu verschaffen, welches wir begierig verschlangen, so stinkend und trübe es auch war, nachdem wir es durch unsre Hemden durchgeseigt hatten.

Den 23sten marschirten wir ostwärts durch angebaute Felder, fanden aber nichts auf diesem Wege, als einige schöne Aussichten, und eine ne Heerde wilder Schweine, die wir in der Entfernung, durch das Wetzen ihrer Hauer und Stampfen mit den Füßen verleitet, für Rebellen hielten, und also mit geladenem Gewehr empfingen.

Gegen Mittag kehrten wir nach Gadosaby zurück, wo eben, als wir uns hingesetzt hatten, auszuruhen, ein großer, alter Negerrebelle, mit langem, weissen Barte, einem weissen baumwollenen Tuche um die Schultern, und einem zerbrochenen Säbel in der Hand, plötzlich unter uns erschien. Sobald ich diese ehrwürdige Erscheinung erblickte, fuhr ich auf, rief meinen Leuten zu, ja nicht auf ihn zu feuern, und bat ihn freundlich, näher zu treten, indem ich mich verbürgte, daß niemand unter meinem Befehl ihm das geringste zu Leide thun, und daß er alles haben sollte, was er bedürfte. Er antwortete mit großer Besonnenheit, nein, mein Herr, schüttelte mit dem Kopf, und verschwand augenblicklich, indeß zwey von meinen Leuten gegen meinen ausdrücklichen Befehl Feuer gaben, ihn aber glücklicherweise verfehlten, obgleich die Entfernung kaum sechs Schritte betrug, welches wahrscheinlich daher kam, weil die Neger nie gerade auslaufen, sondern beständig in einem Zickzack, wie ein Blitzstrahl.

Meinen Befehlen gemäß zerstörte ich abermals alle Felder umher, obgleich, ich gestehe es, mit schwerem Herzen, wegen des armen, einsamen

al=

alten Rebellen. Nachdem ich nun einige baumwollen und Pisangstauden, Wicken, türkischen Waizen, Ananas und Reis abgehauen hatte, die seit unsrer letzten Verheerung hier von selbst gewachsen waren, konnte ich mich nicht enthalten, vor einem kleinen Obdach, welches einige frische Asche und Pisangschaalen, als die Wohnung des unglücklichen, einsamen Greises bezeichneten, einige Zwiebacke, ein gutes Stück Pöckel=Rindfleisch, und eine frische Bouteille Rum zurück zu lassen.

Nachdem ich nun meinen Auftrag vollkommen Gnüge gethan hatte, begaben wir uns auf den Rückmarsch, wo wir alle Sümpfe wegen der großen Hitze gänzlich ausgetrocknet fanden, dabey aber viel von den unleidlich faulen Dünsten leiden musten, welche die zurückgebliebenen todten Fische verbreiteten. Unsre Neger ließen sich aber dadurch nicht abschrecken, sondern suchten diejenigen aus, die am wenigsten von der Fäulniß gelitten hatten, und verzehrten sie gebraten als wahre Leckerbissen.

Den 26sten kamen wir sehr ermüdet und erschöpft wieder in dem Hauptlager an, und ich brachte eine große Geschwulst im Gesicht zu Hause.

Bald nachher ward wiederum ein Detaschement von funfzig Mann in die Gegend von Jerusalem geschickt, um zu rekognosciren, und den 6ten December langten endlich in dem Flusse Su=
ti=

rinam dreyhundert und funfzig Mann, längst erwartete Hülfstruppen von Holland an, nachdem sie neun Wochen und drey Tage auf der Reise, und von diesen vierzehn Tage zu Plymouth zugebracht hatten.

Diese brachten die unangenehme Nachricht mit, daß Capitain Johann Meyer, welcher eine beträchtliche Summe Geldes für unsre Truppen am Bord hatte, von den Mohren weggenommen, und nebst seiner Mannschaft nach Marocco geführt worden war, wo man sie verurtheilt hatte, Sklaven des Kaisers zu werden. (In der Folge wurden sie von den Holländern wieder losgekauft). Ferner, daß das Schiff Paramaribo, eines von den Fahrzeugen, welches die Kranken im Anfange des Monats August nach Holland am Bord genommen hatte, in dem Canal, auf den Felsen von Ouessant Schiffbruch gelitten und gänzlich verlohren gegangen war; mit Hülfe einiger französischen Schifferböte waren indeß die Truppen und Mannschaft gerettet, und nach Brest geführt, wo sie sich von neuem eingeschifft und nach dem Texel gesegelt waren. Hier hatte der Erbstatthalter, der beständig Handlungen der Menschenliebe und Wohlthätigkeit ausübt, ihnen folgende Gelder zur Entschädigung für ihren erlittenen Verlust auszahlen lassen; nämlich den Seesoldaten vier, den Subaltern dreyßig, den Capitains vierzig und dem Major, welcher

cher das Commando hatte, funfzig Pfund Sterling. Ich verlohr aber meine drey Kisten Confituren und Naturalien, nebst Papageyen und Affen, die ich an meine Freunde in Holland mit dieser Gelegenheit geschickt hatte.

Nachdem ich über vier Wochen in einer elenden Hütte, dem Wind und Regen ausgesetzt, zugebracht hatte, und ungeachtet der Ankunft der neuangekommenen Truppen erfuhr, daß wir noch länger in den Wäldern bleiben sollten, beschloß ich endlich am 12ten December mir eine bequeme Wohnung einzurichten, die auch in Zeit von sechs Tagen ohne Nagel und Hammerschlag vollendet wurde, sie bestand aus zwey guten Zimmern, einem Vorplatz mit Stacketen eingefaßt, einer kleinen Küche und einem Garten. Mein nächster Nachbar, der Capitain Bolts, hielt sich dazu eine Ziege, und so lebten wir gemeinschaftlich, wenigstens mit einiger Bequemlichkeit. Andre hielten sich Hühner und Enten; im ganzen Lager aber war kein Hahn zu sehen, denn nachdem man diesen, um alles Krähen zu verhüten, die Zungen ausgeschnitten hatte, wurden sie alle verurtheilt, die Köpfe zu verlieren.

Das Merkwürdigste an meiner Wohnung aber war, daß der Eingang weder durch eine Thür, noch durch ein Fenster, sondern durch das Dach war, wo ich hinaus und hinein kroch, und durchaus keinen andern Eintritt verstat=

stattete. Vermittelst dieser Einrichtung war ich vollkommen gegen die häufigen Besucher geschützt, die meine Eyerkuchen witterten, sich meinen Speck und Schinken schmecken ließen, und mich außerdem im Zeichnen, Lesen und Schreiben störten. Uebrigens war dieses Lager leidlich genug, nur stiegen darin fast immer aus dem Erdboden so pestilentialische Dämpfe und mephitische Dünste auf, welche die ganze Luft vergifteten, und eine Menge Menschen in die andre Welt beförderten.

Während dem kurzen Zeitraum von Ruhe, die ich hier genoß, verfertigte ich im Kleinen ein Modell meiner kleinen Hütte zu Esperance, wo ich so selige Tage verlebte, und die man einigermaßen als das Sinnbild der häuslichen Glückseligkeit betrachten kann. Sie war auf einem achtzehn Zoll langen und zwölf Zoll breiten Brette, durchaus von den Zweigen, der Rinde und dem Holze des Manicolebaums, wie das Original, zusammen gesetzt, und wurde für ein Meisterstück in dieser Art gehalten. Ich schenkte dieses Stück meinem Freunde, Herrn de Graaf, zu Paramaribo, der es seitdem in ein Naturalienkabinet in Amsterdam verehrte.

Die Societätstruppen, die bisher am Wanabach campirten, brachen jetzt weislich auf, da die Regenzeit sich ungewöhnlich früh eingestellt hatte, und begaben sich den Cottica hinab, nach den Plantagen am Piricabach; uns aber verurtheilte man noch immer, hier am Cassipore zu schmachten, indeß sich Fourgeoud ruhig in Paramaribo hielt.

Endlich, den 26sten, kamen sechs Barken bey unserm Lager vor Anker, die einen Theil der von Holland neuangekommenen Truppen mitbrachten, die ich nicht ohne Mitleiden betrachten konnte, indem sie schon jetzt zum Theil vom Scharbock und andern ekelhaften Krankheiten angegriffen waren. Wir thaten indeß unser möglichstes, sie gut aufzunehmen und zu pflegen, und ließen auch unter andern Backsteine hohlen, um einen Ofen zu bauen, damit wir immer frisch Brodt hätten; ich hatte eben einen neuen Vorrath guten Wein empfangen, und benutzte diesen, um die neuen Officiere freundlich zu bewillkommen.

Den 3ten Januar, im neuen Jahr 1777, kamen nochmals sechs Barken mit frischen Truppen von Paramaribo an, welche die Zahl von dreyhundert und funfzig von Holland vollzählig machten. Zufälligerweise erfuhr ich, daß sich unter diesen ein Capitain, Carl Small, von der schottischen Brigade, befand, welcher mit dem armen kranken oben erwähnten Fähnrich, Macdonald, getauscht hatte, und eilte ihm sogleich in einem kleinen Boot den Fluß hinab entgegen, um ihm meine Dienste aus alter Freundschaft anzubieten. Ich fand ihn in einer Hangmatte in

sei=

seiner Barke, in einem heftigen Fieberanfall, und
da er mich meiner Kleidung wegen, die der des
abgelumptesten Matrosen nichts nachgab, nicht
kannte, fragte er mich: was ich wollte? Als er
aber in mir seinen Freund Stedman erblickte, der
aus einem rüstigen, muntern jungen Kerl, in ei=
nen zerlumpten, siechen Abendtheurer verwandelt
war, faßte er mich bey der Hand, und brach,
ohne ein Wort zu sprechen, in einen Strom von
Thränen aus. Diese Gemüthsbewegung, die
mir die Güte seines Herzens mehr als alle Re=
den bewies, drohte indeß seine Krankheit zu ver=
mehren, und ich rief ihm also zu: „Hohl der
Teufel dein Heulen, komm wälze dich aus die=
sem stinkenden Lager, und ich will dich bald ku=
riren;" ich ließ ihn gleich in mein Boot holen,
und brachte ihn an Land, in meine eigne Woh=
nung, wozu ich aber ein eignes Loch in der Wand
mußte machen lassen, denn mein Eingang im
Dache war nicht für jeden Gesunden, geschweige
für einen Kranken kalkulirt. Sobald er darin
war, ließ ich seine Hangmatte dicht neben der
meinigen aufhängen, und besorgte ihm warmen
Grog und einen gerösteten Zwieback, und von
dem Augenblick an besserte er sich merklich. Bald
nach diesem kam der Oberste Fourgeoud im La=
ger an, und brachte uns die niederschlagende
Nachricht, daß durch die Ankunft der neuange=
kommenen Officiere mehrere von uns ihr Avan=

cement sowohl bey dem Regiment als in der Armee verlohren hatten, nachdem wir vier Jahre lang in einem brennenden Clima alle Beschwerden getragen, und beynahe von nichts als stinkendem Fleisch und schwarzem Zwieback gelebt hatten. Um unsre Kränkung desto empfindlicher zu machen, erhielten wir Befehl, noch länger in den Wäldern zu bleiben, um den Neuankömmlingen den Dienst zu lehren.

Unter diesen drückenden Verhältnissen muste ich noch immer Majorsdienste thun, welches gerade jetzt vorzüglich lästig war, da es mir die Pflicht auflegte, die Leute, die aus Hunger bey allen Gelegenheiten die Magazine bestahlen, weil sie schon in sieben Tagen durch den Einsturz der Backöfen ohne Brod gewesen waren, täglich züchtigen zu lassen. Unter andern wurde ein armer Teufel beynahe zu Tode gehauen, weil er dem Obersten eine Bologneserwurst gestohlen hatte; diesem guten Herrn fehlte es auch nie an Schinken, Zungen, Würsten, Thee, Zucker, Caffee und Wein, wenn auch übrigens der Mangel überall herrschte.

Den 8ten endlich langte eine Barke an, die nicht allein mit einem neuen Vorrath von Schiffszwieback und Pökelfleisch, sondern auch einem Stück Rindvieh und zwey Schweinen, zum Geschenk beladen war. Das Vieh ward sogleich geschlachtet und unter vierhundert Menschen getheilt,

theilt, und man kann denken, daß die Portionen nicht groß wurden, in unsrer jetzigen Lage war es indessen ein großer Vorzug, daß es wenigstens frisches Fleisch war. Nachher ging die Gesellschaft, welche uns das lebendige Vieh geschenkt hatte, umher, und besuchte das Lager. Als sie an meine Wohnung gekommen waren, führte sie Fourgeoud rund herum, da er aber keine Thür zum Eingang fand, rief er: ist niemand zu Hause? worauf ich sogleich mit dem Kopf durch das Dach fuhr, und mich erbot, die Damen hinein zu ziehen, welches sie aber höflich verbaten. In meinem Leben habe ich den alten Obersten nicht so lachen sehen, als über meine Wohnung von neuer Bauart. Endlich, als er sich erhohlt hatte, ging er mit seinen Gästen wieder zurück, und lud mich ein, ihnen zu folgen. Ich pflegte auch nicht immer in meinem Loch zu stecken, sondern wenn ich mit meinem Freunde Small ausging, brachten wir unsre Zeit gewöhnlich auf einer schönen Wiese zu, wo wir uns eine grüne Laube errichtet hatten, die wir Ranelagh nannten, und hier unterhielten wir uns, und stachen heimlich manche Bouteille aus, bis nichts mehr auszuleeren war, denn wir hatten in acht Tagen so flott gelebt, daß meine Käse und Schinken ganz verschwanden und alle Flaschen leer waren, und nun musten wir uns schlechter behelfen. Indessen hatte Small den Trost, daß es seinen Schiffska=

Kameraden nicht besser ging, denn diese hatten, unbekannt mit der im Walde nöthigen Sparsamkeit, alle ihr Mehl in Rosinenpudding aufgezehrt, und musten nun die Zähne an harten Rockenzwieback wetzen.

Schon am 12ten dieses Monats erhielten hundert und funfzig von den neuen Ankömmlingen Ordre zum Marsch, und wahrscheinlich um sie einzuhetzen, packte man ihnen, ausser ihrem Gewehr und einer Hangmatte, noch einen vollgestopften Ränzel auf. Mein Freund Smalt war einer von dieser Anzahl, und da er ziemlich von der Natur des Sir John Fallstaff war, konnte er, nachdem ich ihn ausstaffirt hatte, kaum von der Stelle gehen; ich stellte Fourgeoud hierauf vor, ich würde ihn wie ein Oxhoft weiter rollern müssen, und erhielt also die Erlaubniß, ihn von einem Theil seines Gepäckes zu entledigen.

Da nunmehr alles in Bereitschaft war, trat dieses schwer beladene Detaschement, mit dem Obersten an der Spitze, den Marsch nach dem Marawina an. Dieser alte Veteran war jetzt zwar gegen mich so gefällig, als möglich, gegen alle andere aber blieb er streng und hart, wie zuvor, indem er sich unglücklicherweise einbildete, ein tyrannisches Betragen gehöre mit zur Würde seines Charakters.

Gleich nach der Abreise dieses Corps ging ich über den Cottica, und ließ dort eine Kohlpalme

fällen,

fällen, nicht allein wegen des Kohls, sondern auch wegen der Palmwürmer, die, wie ich wuste, in Zeit von vierzehn Tagen in Menge darin vorhanden seyn würden.

Indem ich hier mit meinem Neger Quaco durch die Wälder streifte, bemerkte ich noch folgende Holzarten, die ich bisher nicht erwähnt habe: diese waren die surinamische Ceder, der braune Kernbaum und der Kugelbaum. Ersterer ist von der Ceder von Libanon sehr verschieden, die in einer piramidalischen Gestalt wächst; diese schießt ebenfalls zu einer großen Höhe empor, und wird vorzüglich geschätzt, weil das Holz seines außerordentlich bittern Geschmacks wegen nie von Würmern und anderm Ungeziefer angegriffen wird; es hat außerdem einen angenehmen Geruch, und wird daher, und wegen seiner festen Eigenschaft vorzugsweise gebraucht, um Kasten, Schränke, Commoden und dergleichen daraus zu verfertigen; außerdem aber macht man noch Gondeln und andre Böte davon. Die Farbe des Holzes ist Pomeranzenfarb, und aus dem Stamm des Baumes quillt ein Harz, welches durchsichtig und von lieblichem Geruch ist, und viel Aehnlichkeit mit dem Gummi Arabicum hat. Der braune Kernbaum ist ein außerordentlich hartes Holz, und man braucht es hauptsächlich, um Zuckermühlen daraus zu verfertigen. Die dritte Sorte ist der Kugelbaum, der über sechzig

Fuß

Fuß hoch wächst, aber keine verhältnißmäßige Dicke hat. Sein Holz ist so außerordentlich schwer, daß es das Seewasser an Gewicht übertrift, und dabey von solcher Dauer, daß es der Luft ausgesetzt, weder Sonne noch Regen darauf wirken; aus diesem Grunde braucht man es hauptsächlich zu Dachschindeln; diese verkauft man zu Paramaribo zu vier Pfund Sterling das Tausend, und sie dauern zuweilen vier und zwanzig Jahre lang, ohne durch andre ersetzt zu werden.

Ungefähr um diese Zeit ward das ganze Lager von einer Art Ungeziefer heimgesucht, die man in Surinam Holzläuse nennt, die man aber eigentlich weisse Ameisen nennen sollte, indem sie diesen beynahe in allen Punkten gleichen, außer daß die Ameisen auf der Erde leben, und diese ihre Nester an Baumstämmen bauen. Diese Nester sind schwarz, rund und kraus, so daß sie einem Negerkopfe nicht unähnlich sehen, zuweilen aber sind sie so groß, als ein halbes Oxhoft, und bestehen aus einer rostfarbigen, inkrustirten Erdart, die äußerst hart, und dem Wetter undurchdringlich ist. In dieser Masse, die inwendig durch unzählige hohle Wege, etwa so dick wie eine Federspuhle, durchschnitten ist, wohnen Myriaden dieser Insekten, und verlassen gelegentlich ihre Heimath, um ihre verheerenden Züge anzustellen, auf denen weder Holz, Leder, Lein-

Leinwand, noch irgend eine andre Substanz sie aufhalten können. Sie dringen oft in die Häuser hinein, vermittelst eines bedeckten, inkrustirten Weges längst den Wänden, der, seine Krümme mitgerechnet, mehrere hundert Fuß lang ist; zerstört man diesen nicht bey seiner ersten Erscheinung, welches am besten mit Arsenick und Terpentinöl geschieht, so zerstören sie mit der Zeit ganze Gebäude, die wie ein Haufen Schutt zusammenfallen. Man hält dafür, daß diese Insekten, ungeachtet ihres abscheulich faulen Geruchs, eine sehr gute Speise für alles Federvieh sind, welches davon fetter wird, als selbst von türkischem Waizen.

Noch eine andre Unbequemlichkeit im Lager war, daß uns ganze Legionen fliegender Läuse heimsuchten, die ihre Flügel auf unsern Kleidern fallen ließen, wovon sie zuweilen so bedeckt waren, daß das Tuch grau aussuhe. Einige Naturforscher sind der Meinung, diese fliegenden Läuse wären eben die oben erwähnten Holzläuse, welche, wenn sie älter werden, Flügel bekommen, und ihre Nester verlassen, wie mehrere Ameisengeschlechter in Europa und Amerika.

Wir hielten jetzt sehr scharfe Mannszucht im Lager, so daß jeder, der das geringste Geräusch machte, nachdrücklich gezüchtigt wurde; selbst die Schildwachen musten sich untereinander und gegen die Patrouillen nur durch Pfeifen äußern.

Den

Den 23sten erhielt ich aus der Stadt einen sehr willkommnen Vorrath von Wein und frischen Lebensmitteln, und an eben dem Tage kam der Oberste mit seinem Detaschement von Marawina zurück. Auf diesem Streifzuge hatte unser unermüdeter Befehlshaber wiederum neun und funfzig Häuser der Rebellen und drey Felder mit Lebensmitteln entdeckt und zerstört. Dies gab den Rebellen den entscheidenden Schlag, die, da sie nunmehr keinen Unterhalt diesseits des Wassers fanden, die Gegend gänzlich räumten, und sich in der französischen Colonie Cayenne niederließen. Bey diesem beschwerlichen, obgleich nothwendigen, Dienst hatten die Truppen gewaltig gelitten, vornemlich die neuangekommenen, von denen viele in Hangmatten an Stangen zurückgetragen wurden, und mein armer Freund Small hatte wenigstens einen ganzen Stein am Gewicht verlohren. Dreyßig Mann waren auch krank am Marawina zurückgeblieben.

Um diese Zeit befanden sich in unserm Lazareth nicht weniger als hundert Kranke, die alle sehr gefährlich danieder lagen, und überall hörte man nichts, als Klagen und Seufzer und das melancholische Gekrächze der Strix oder Guiana Eule, welche die ganze lange Nacht ihnen Gesellschaft leistete. Krampf und Reissen in den Gliedern, die in Surinam so häufig sind, beschwerten auch die, welche noch im Stande waren,

ren, Dienste zu thun, und allgemeine Muthlosigkeit herrschte überall. Hier sahe man einen von Kopf bis zu den Füßen mit blutigen Schwären bedeckt. Dort ward ein andrer in dumpfer Lethargie von zwey seiner Kameraden herumgeführt, und schlummerte, trotz alles Bestrebens ihn zu ermuntern, in die Ewigkeit hinüber. Ein dritter, von der Wassersucht angeschwollen, flehte den Wundarzt vergeblich, ihn abzuzapfen, dieser antwortete ihm gewöhnlich: es sey zu spät, und überließ ihm dem traurigen Schicksal, durch Erstickung sein Leben zu endigen. In dem Hospital sahe man einige die Hände ringen, und Gott um Endung ihrer Leiden anrufen, indeß andre in einem brennenden Fieberanfall sich die Haare ausrauften, die Vorsehung lästerten, und den Tag ihrer Geburt verfluchten, kurz alles war über alle Erwartung schrecklich.

Mein Antheil an dem allgemeinen Leiden näherte sich seiner Endschaft, denn den 26sten ertheilte mir der Oberste Fourgeoud unaufgefordert die Erlaubniß, ihn nach Paramaribo zu begleiten, und dort fernerhin zu bleiben; eine Vergünstigung, die ich ohne Bedenken annahm. Ich schenkte nunmehr meinem Freunde Small meine Hütte, mein Ranelagh und alle meine frischen Lebensmittel, und nachdem ich ihn und einige andre Officiere mit einem guten Gericht Kohl von der Bergpalme, und meinen Palmwürmern,

die

die eben jetzt in der grösten Vollkommenheit waren, nebst einem guten Glas Wein bewirthet hatte, nahm ich von ihnen allen Abschied; und so ruderte ich um Mitternacht in einer zierlichen Gondel, mit Fourgeoud und zwey andern Officiern, den Cottica hinab, und nun lebt wohl ihr schattenreichen Gehölze, ihr dunkeln lieblichen Wälder, schwanger mit so vielen Wundern und so vielen Plagen!—!

Als das Fahrzeug den Strand verlassen hatte, erklärte uns Fourgeoud, er sey nunmehr gesonnen, der ganzen Expedition ein Ende zu machen, und nicht wieder in die Wälder zurück zu kehren, indem er sie so viel als möglich gereinigt, und die Rebellen sich nach Cayenne zu flüchten gezwungen hätte.

Ich werde also nunmehr auch bald Abschied von meinem Leser nehmen, und muß ihn nur bitten, die Unvollständigkeit meiner Nachrichten zu entschuldigen, und nur zu bedenken, unter welchen ungünstigen Umständen sie oft gesammelt wurden. Wie oft fehlte es mir nicht an Feder, Tinte und Papier, um Anmerkungen zu machen, und ich habe mich oft genöthiget gesehen, mit einem Bleystift meine Patronen oder einen gebleichten Knochen zu beschreiben.

Nach einer kurzen und glücklichen Reise erreichten wir Paramaribo, und ich befand mich am Ende meines siebenten Feldzuges vollkommen

men gesund und munter, indeß so viele meiner braven Kameraden tief im Staube verscharrt lagen.

Eilftes Kapitel.

Sobald ich in der Stadt angekommen war, miethete ich ein nettes, kleines Haus am Strande, um keinen meiner Freunde länger beschwerlich zu fallen, und hier lebte ich mit meiner Freundin beynahe so glücklich, als zu Esperance.

Den 10ten Februar, wo die meisten Officiere aus dem Lager in die Stadt gekommen waren, bewirthete uns Fourgeoud auf seine gewöhnliche Weise im Hauptquartier, und meldete uns dabey mit sichtbarer Zufriedenheit, er hätte nunmehr sein Geschäft vollkommen geendiget; ein und zwanzig Dörfer und zwey Felder mit Lebensmitteln aller Art zerstört, und so den Rebellen allen Unterhalt abgeschnitten, und sie genöthigt, nach Cayenne zu flüchten, wo neuere Nachrichten ihre Ankunft und gute Aufnahme bestätigten. Wir wünschten ihm zu diesen angenehmen Nachrichten Glück, und tranken dreymal auf das Wohlergehn der Colonie Surinam, deren künftiges Heil nunmehr von dem neuen Cordon abhing, den die Societätstruppen und die schwarzen Jäger besetzen sollten.

Die Lobsprüche, welche Fourgeoud seinen Kriegsthaten ertheilte, waren in der That ge-
grün-

gründet; Doktor Fermin gedenkt seiner und seiner Truppen, in seiner bekannten Beschreibung von Surinam, zweymal als den Retter der Colonie, und der Abbe' Raynal nennt sie ein braves, tapfres Corps. Auch muß man zum besondern Lobe des Obersten sagen, daß er nie einen gefangenen Rebellen tödten ließ, sie auch nie, wo er es vermeiden konnte, der Gerechtigkeit in die Hände lieferte, indem ihm wohl bekannt war, daß nur die grausamste Behandlung diese armen Leute zu diesem äußersten Hülfsmittel getrieben hatte. Er war in der That unermüdet im Dienst, und ungeachtet er etwas verwirrt war, im Grunde ein wackerer Officier.

Ich hätte um diese Zeit eine Einladung vom Capitain Macneal, einige Tage auf seiner schönen Caffeeplantage, Sporkusgift, zuzubringen, einige Geschäfte hinderten mich aber, sie anzunehmen, indessen will ich doch bey dieser Gelegenheit etwas von dieser nützlichen Bohne sagen, die in Guiana nicht einheimisch ist, und zuerst im Jahr 1720 von dem Grafen Real, nach andern von einem Goldschmidt, Namens Hansbach, angebaut wurde.

Die Caffeebohne ist die Frucht eines Baums, den man selten höher wachsen läßt, als ein Mann reichen kann, um das Einsammeln zu erleichtern. Die Rinde dieses Baums ist hellbraun und die Blätter schön glänzend, und gestaltet wie die

des

des Lorbeerbaums. Die Zweige wachsen beynahe von unten auf aus dem Stamm. Die länglichten Beeren sind anfänglich grün, nehmen aber, wenn sie reifen, eine glänzende rothe Farbe, wie Kirschen, an. In jeder Beere sind zwey Bohnen enthalten, die platt aufeinander liegen, und von diesen trägt ein guter Baum bey jeder Erndte drey bis vier Pfund; man erndtet aber in diesem schönen, warmen Himmelsstrich zweymal jährlich.

Auf einer Caffeeplantage, die des Nutzens und Vergnügens wegen mehrentheils an den Ufern eines Flusses angelegt sind, findet man gewöhnlich folgende Gebäude: Das Wohnhaus des Pflanzers; ein Nebengebäude für den Oberaufseher und Buchhalter, nebst Magazinen und kleinen Nebengebäuden; ferner, eine Zimmermannswerkstätte, eine Docke und etliche Boothäuser, zwey Gebäude, um den Caffee zu quetschen und von dem Fleisch zu trennen, und zum Trocknen; weiter Negerwohnungen, Ställe, ein Hospital und Magazine, welches alles zusammen das Ansehen eines kleinen Dorfes hat. Die Häuser allein, in denen der Caffee getrocknet und gesäubert wird, kosten zuweilen fünftausend Pfund Sterling, zuweilen noch mehr.

Das Land daneben ist gewöhnlich in zwey große Vierecke eingetheilt, und in jedem stehen mehrentheils zweytausend schöne Caffeebäume in

einer

einer Entfernung von acht bis zehn Fuß auseinander. Diese Bäume fangen im dritten Jahre an zu tragen, sind im sechsten in ihrer grösten Vollkommenheit, und tragen bis ins dreyßigste. Man ersetzt den Abgang durch junge Pflänzlinge aus der Baumschule, die man auf jeder gut eingerichteten Plantage findet. Die Erndtezeit ist, wie ich schon gesagt habe, zweymal im Jahr, gewöhnlich um Johannis und Weihnachten.

Um diese Zeit ist es ein angenehmer Anblick, die schwarzen Gestalten emsig unter dem lachenden Grün umherlaufen zu sehen, um ihre aufgegebene Arbeit zu vollenden, und die, welche ihre Körbe zuerst gefüllet haben, scherzen nachher unter dem kühlenden Schatten.

Die Beeren werden nunmehr in einer Mühle, in einem von den obenerwähnten Gebäuden, gequetscht, um die Bohnen von dem umgebenden Fleische zu befreyen, denn eine Nacht in Wasser geweicht, um sie völlig zu reinigen, und zuletzt auf einem dazu eingerichteten mit Steinen gepflastetten Platze unter freyem Himmel zu trocknen. Nachher breitet man sie auf Böden aus, um auszudunsten und innerlich zu trocknen, und hier müssen sie täglich mit hölzernen Schaufeln umgewendet werden. Sobald dies geschehen ist, trocknet man sie noch einmal in Fächern oder Schiebern, die auf Walzen laufen, damit man sie bequem zu den Fenstern hinaus und hinein schie-

schieben kann, um sie gegen plötzliche Regengüsse zu sichern. Alsdenn werden sie bey Licht in hölzernen Mörsern, mit schweren hölzernen Keulen gestoßen, um sie von dem dünnen Häutchen zu trennen, welches die beyden Bohnen vereinigt. Bey diesem Geschäft halten die Neger auf eine bewundernswürdige Art Takt, und singen dabey beständig im Chor. Hierauf reinigt man die Beeren von der Spreu in einer dazu eingerichteten Mühle, trocknet sie nochmals in dem Schieber, und sondert die gequetschten Bohnen von den ganzen, welche ersteren in der Colonie verbraucht werden, und packt sie denn in Fässer von drey bis vierhundert Pfund Gewicht zur Ausfuhr.

Den 16ten hatte ich die Ehre, bey seiner Excellenz dem Herrn Gouverneur zu speisen, und legte ihm bey dieser Gelegenheit meine sämmtlichen Sammlungen von Zeichnungen und Bemerkungen über die Colonie Surinam vor, welche er zu meiner höchsten Freude mit dem größten Beyfall beehrte. Ich stattete ihm hierauf meinen herzlichen Dank für die wesentliche Unterstützung ab, die er mir bey Verfertigung dieser Arbeiten hatte angedeihen lassen, wie auch für die unzähligen Beweise der Achtung und Güte, die ich von Anfang bis zu Ende, während meinem ganzen Aufenthalt in Guiana, von ihm empfangen hatte.

Zwey Tage nachher wagte ich auch, im Vertrauen auf seine Freundschaft, ihm folgende ganz ungewöhnliche Bitte einzureichen, die ich ihn dem Conseil vorzulegen ersuchte, welches er mit einem freundlichen Lächeln und einem Händedruck zu thun versprach. Meine Bitte war folgende:

Ich Endesunterzeichneter gebe mein Ehrenwort zum Pfande und Bürgschaft, (welches, außer meinem Solde, alles ist, was ich in der Welt mein eigen nennen kann), daß wenn der Conseil mein neuerliches ernstliches Ansuchen, um die Freysprechung meines lieben Sohnes, Johann Stedman, gewährt, eben benannter Knabe bis an das Ende seines Lebens, nie der Colonie Surinam zur Last fallen soll.

Johann Ge. Stedman.

Nachdem ich auf diese Weise alles gethan hatte, was in meinem Vermögen stand, wartete ich den Erfolg einige Tage lang mit großer Herzensangst ab, ohne jedoch die geringste Hofnung eines glücklichen Ausgangs zu haben, und endlich sahe ich mich genöthigt, meinen süßen Knaben für verlohren zu geben, wenn ich ihn nicht mit nach Europa nehmen, und dadurch seiner Mutter einen Dolch ins Herz stoßen wollte.

Mittlerweile wurden nun die Transportschiffe wieder zum Dienst ausgerüstet, und ich ward mit einigen andern zum Commissär ernannt, um um die Holz= und Wasservorräthe zu besorgen. Den Officieren ward auch ihr rückständiger Sold ausgezahlt, und dreyzehn Mann wurden verabschiedet, um auf ihr eignes Ansuchen ihr Glück in Paramaribo zu versuchen. Der betriebsame Fourgeoud zahlte uns auch wieder in Papiergeld aus, wodurch wir, wie gewöhnlich, zehn Procent, die er gewann, verlohren, indem er das Gold und Silber den Juden überließ. Außerdem wurden viele hundert Gulden, welche die Regierung uns zur Bestreitung der Abgaben bewilligt hatte, nie in Rechnung gebracht, oder man verbot uns vielmehr, darnach zu fragen. Dies war, unter so viele vertheilt, zwar nur Kleinigkeiten, im Ganzen aber doch keine verächtliche Summe.

Den 10ten Merz, nachdem ich den größten Theil des Tages mit dem Gouverneur zugebracht hatte, ging ich gegen Abend mit dem Capitain Bolts an Bord der Schiffe, um die Zurüstungen zu der Reise zu untersuchen. Hier fanden wir, daß die Ratten und Mäuse unter den Lebensmitteln, mit denen wir jetzt sehr reichlich versehen waren, solche Verwüstungen angestellt hatten, daß ich genöthigt war, ein halbes Dutzend Katzen anzuschaffen, um ihren fernern Verheerungen Einhalt zu thun. Diese Thiere sind aber in Surinam weder so häufig, noch so thätig als in Europa, welches vermuth-

lich von dem Clima herrührt, das seinen er=
schlaffenden Einfluß auch bis auf sie erstreckt.
Auch waren diese Katzen weit kleiner, als die un=
srigen, und hatten viel längere Schnautzen und
spitzere Ohren.

Den folgenden Tag sahe ich zu meinem un=
säglichen Erstaunen und Schrecken eine gewisse
Demoiselle de la Mare, Tochter des jüngst ver=
storbenen Herrn dieses Namens, ein schönes, vier=
zehnjähriges Mulattomädchen, die als ein jun=
ges Frauenzimmer von Stande erzogen, und im
Jahr 1775 getauft worden war, mit Fesseln be=
laden, nebst ihrer Mutter und einigen Verwand=
ten, von einer Militärwache umringt, vor Ge=
richt schleppen. Ich war beynahe geneigt, sie
zu befreyen, als sie mich weinend herzurief, und
mir erzählte: ein gewisser Herr Schouten, der
Eigenthümer ihrer Mutter, wollte ihr den Pro=
ceß machen, weil sie die Arbeit einer gemeinen
Sklavin nicht übernehmen wollte, zu der sie ganz
unfähig war, und nach ihrer Erziehung zu ur=
theilen, bis auf diesen unglücklichen Augenblick
zu verrichten außer Stande war.

Nach den Gesetzen des Landes muste sie sich
jedoch unterwerfen, und ward sogar auf sein
Verlangen verurtheilt, für ihren Ungehorsam,
nebst ihrer armen Mutter und den nächsten Ver=
wandten, die sie in ihren Ansprüchen auf die
Freyheit unterstützt hatten, heimlich ausgepeitscht

zu

zu werden. Nur die Menschenliebe des damaligen Fiskals, Herrn Wickers, nachmaligen Gouverneurs, verhinderte die Vollziehung einer so schändlichen Sentenz. Die unglückliche Demoiselle de la Mare muste sich indeß von dieser Zeit an der unmännlichen Tirannei ihres Herrn unterwerfen, unter dem herzlichen Bedauren aller ihrer Bekannten und jedes Fremden, der ein Zeuge dieser barbarischen Begebenheit gewesen war.

Dies waren die traurigen Folgen, daß man versäumt hatte, sie bey Zeiten frey sprechen zu laßen, und eben diese machten mich für meinen Knaben zittern. Glücklicherweise war meine Unruhe nicht von langer Dauer, denn so unglaublich unerwartet mir es auch schien, ward ich doch an eben dem Tage durch eine Botschaft von dem Gouverneur und den Räthen der Colonie überrascht, daß sie nach Erwägung meiner ehemaligen Dienste, meiner Menschenliebe und meines Edelmuths, meine Ehre für die Freyheit meines Kindes zu verbürgen, einmüthig beschlossen hätten, ohne weitere Kosten und Umstände, mir die Briefe auszufertigen, wodurch er von dem Tage an bis auf ewige Zeiten für frey erklärt wurde.

Es ist unmöglich, sich einen schnellern Uebergang von dem trostlosesten Zustande bis zum höchsten Glückseligkeit zu gedenken; seine arme Mutter vergoß Thränen der Freude und Dankbar=

barkeit, und unsre Freude war um so größer, da wir schon alle Hofnung aufgegeben hatten, und mehr als vierzig Knaben und Mädchen, Kinder meiner Bekannten, in ewiger Sklaverey zurückblieben, unter denen sich sogar manche befanden, nach denen nie die mindeste Nachfrage geschehen war.

Ich machte nunmehr mein Testament, zum Besten meines Sohnes, obgleich ich, Gott weiß, wenig zu vermachen hatte, und ernannte ihm zwey Vormünder, meine Freunde Herr Robert Gordon und Jakob Gourlay.

Den 18ten kamen die übrigen Truppen aus dem Lager am Cassiporebach, und alle Anstalten wurden zu unsrer nahen Abreise gemacht, wobey die Freude der wenigen übergebliebenen Soldaten von dem ersten Transport alle Grenzen überstieg, und sie zu tausend Ausschweifungen verleitete, die nur durch gewaltsame Mittel verhütet werden konnten.

Ich verließ nunmehr meine bisherige Wohnung, und brachte auf der Madam Godefroy dringende Einladung meine kurze übrige Zeit in dem niedlichen Hause zu, welches sie in ihrem schönen Garten, unter dem Schatten von Tamarinden und Pomeranzenbäumen für meine Johanna und ihren Knaben hatte erbauen, und mit allen nöthigen Hausrath sauber versehen lassen. Sie hatte ihr auch dort ein Negerweib und ein

Mäd-

Mädchen zur Aufwartung auf Zeitlebens zugesellt. In dieser Lage hätte ich glücklich meine Tage an einem äußerst reizenden Orte zubringen können, aber das Schicksal hatte es anders bestimmt!

Gastereyen und Lustbarkeiten herrschten jetzt wieder durchgängig in Paramaribo, wie bey unsrer Ankunft, ich besuchte aber nur meine auserlesensten Freunde, zu denen ich mit allem Recht den Gouverneur rechnen durfte, der uns nochmals zum Abschiede auf das prächtigste bewirthete.

Den 25sten ward die Bagage am Bord geschaft, und hier hatte ich insbesondere eine so große Menge von Geschenken an Wein, lebendigem Vieh und Geflügel, und andern Mundvorrath, daß ich damit hätte eine Reise um die Welt wagen können.

Den 26sten nahmen wir alle zusammen Abschied von dem Gouverneur, und machten nachher dem Obersten Fourgeoud im Hauptquartier unsre Aufwartung, der uns eine glückliche Reise nach Holland wünschte, und zum letztenmale mit einer Mahlzeit von Salzspeisen, aber vortreflichem Wein im Ueberfluß bewirthete.

Ich glaube, daß er mir wenigstens hundertmal die Hand drückte, und dabey versicherte: er kennte in der Welt keinen jungen Mann, den er mehr schätzte und liebte; denn er wäre überzeugt,

zeugt, daß wenn er mir befohlen, durch Feuer sowohl als durch Waſſer zu marſchiren, ich es gewiß ausgeführt hätte, und ſo ſchieden wir von einander, als die beſten Freunde.

Gegen Abend ging ich hin zu meiner vertrauteſten Freundin, der wackern Frau Godefroy, und andern, um Abſchied zu nehmen, die mir ſeit meinem Aufenthalt in der Colonie unzählige Beweiſe von Freundſchaft gegeben hatten, und von denen die Trennung mir ſehr ſchwer geworden wäre, wenn nicht der Gedanke an eine noch geliebtere Freundin alle übrigen Empfindungen gewiſſermaßen verſchlungen hätte. Und hier muß ich zu ihrer Ehre geſtehen, daß, indem ich meinen Gefühlen den heftigſten Ausbruch geſtattete, nicht ein einziger Seufzer oder irgend ein Ausdruck eines heftigen Schmerzens ihren Lippen entſchlüpfte, weil ſie gerechter Weiſe beſorgte, meinen Schmerz dadurch zu erhöhen. Ich bat ſie auf das dringendſte, mich zu begleiten, worin mich Madam Godefroy und alle ihre Freunde beyſtonden. Johanna aber blieb unbeweglich. Sie verſicherte, daß, ſo ſchrecklich ihr die Trennung vorkäme, ſo zöge ſie dennoch den Aufenthalt in Surinam vor. Sie könne ſich noch nicht als frey betrachten, und aus Stolz wolle ſie lieber eine von den erſten ihres Standes in ihrem Vaterlande ſeyn, als mir zum Vorwurf

und

und zur Last in Europa leben; das letztere war nur zu wahrscheinlich, weil wir nicht unabhängig waren.

Ich wußte nicht, was ich hierauf erwiedern sollte, und schwieg also voller Bewunderung ihrer Standhaftigkeit und Resignation, die so weit die meinige übertrafen.

Den 27sten früh trennte ich mich heimlich von meinen Geliebten, um ihre Gefühle nicht durch einen traurigen Abschied zu schärfen, und begab mich mit dem ganzen Corps an Bord, unter einer allgemeinen Salve aus allen Canonen der Festung, und allen auf der Rhede liegenden Schiffen.

Den 29sten ward das Signal zum Absegeln gegeben, und so segelten die beyden Schiffe bis Fort Amsterdam, wo sie nochmals vor Anker legten.

Hier kamen meine Freunde nebst den Vormündern meines Sohnes nochmals mich zu besuchen, und überredeten mich wirklich, noch einmal nach Paramaribo zurück zu kehren. Ich konnte dieser Einladung, noch einmal alles, was meinem Herzen theuer war, zu sehen, nicht widerstehen, ich ging und fand meine Johanna, die in meiner Gegenwart so standhaft geschienen hatte, in Thränen gebadet, und beynahe leblos,

se

so sehr war sie ein Opfer der Verzweiflung geworden. Sie hatte seit meiner Abreise keine Speise gekostet, keinen Schlaf genossen, und war nicht einmal von der Stelle gewichen, wo ich sie am 27sten früh gelassen hatte.

Da die Schiffe noch nicht ganz segelfertig waren, so beschloß ich, noch einige Zeit bey ihr zu bleiben, um sie zu trösten, aber wie theuer musten wir diesen kurzen Aufschub bezahlen! In wenigen Stunden kam ein Matrose mit der Nachricht, daß das Schiffsboot in Bereitschaft läge, mich hinweg zu führen; ich muste mich losreissen, Johanna sank, mit Verzweiflung ringend, ohnmächtig in die Arme ihrer zweyten Mutter, und ich ließ sie unter dem Schutz und den mitleidigen Hülfleistungen dieser treflichen Frau.

Wir gingen nunmehr den 1sten April unter Segel, und nach einer langwierigen Reise, auf der die Mannschaft viel von Krankheiten leiden muste, und einen heftigen Sturm in der Gegend der Azoren ausstand, kamen beyde Schiffe nach vielen überstandenen Schwierigkeiten den 28sten May im Texel vor Anker.

Von hieraus wurden wir auf Treckschuyten weiter geführt, und ich kann nicht umhin, zu bemerken, daß, indeß die Gebäude und Gärten mir

aus

äußerst prächtig schienen, ich die Einwohner dieser Gegenden als ein zusammen gelaufenes Gesindel betrachtete, die schlecht gebaut und schlecht gekleidet waren, und deren Schweinsaugen, schmutzige, sieche Gesichtsfarbe, und ekelhafte Zähne, keinen Vergleich mit den glänzenden Augen, den schneeweissen Zähnen, der glatten Haut, und ausnehmenden Reinlichkeit der Schwarzen und Mulatten, die ich verlassen hatte, aushalten konnten. Das Lustigste bey der Sache war, daß es uns nie einfiel, zu bedenken, welchen Aufzug wir selbst machten, indem wir von der Sonne so verbrannt waren, daß unsre Haut einem alten Pergament glich, und dabey so mager, wie wandelnde Gerippe aussahen. Der lange Aufenthalt in den Wäldern hatte uns auch das Ansehen von Wilden gegeben, und mir legte man insbesondere wohlverdienter Weise den Titel des Sauvage Anglois bey.

Was meine übrigen Schicksale betrift, so will ich solche nur mit wenigen Worten meinem Leser bekannt machen. Ich schmeichle mir, daß, nachdem er mich auf so vielen gefährlichen und mühseligen Wegen begleitet hat, es ihm nicht ganz gleichgültig seyn wird, zu erfahren, was aus mir, und einigen sehr häufig in diesen Bogen erwähnten Personen geworden ist.

Ich nahm gleich nach meiner Ankunft in Holland Abschied von des Obersten Fourgeouds Re-
gi-

giment, und ward darauf wieder bey des Generals Stuarts Brigade, die ich im Jahr 1772 verlassen hatte, als Major angestellt. In der Folge ward diese Brigade wegen eines mit England ausgebrochenen Krieges nationalisirt, oder in drey holländische Regimenter formirt. Dieser Umstand nöthigte aber mich und die mehresten andern Officiere, unsern Abschied zu nehmen, da wir uns nicht entschließen konnten, gegen unser Vaterland zu dienen; dennoch hatte der Erbstatthalter die Gnade, mir den Abschied als Oberstlieutenant zu ertheilen.

Ich reiste hierauf nach England, und zum Lohn für unsre Treue hatte ich nebst eilf andern die Gnade, dem Könige vorgestellt zu werden, und bald nachher bestimmte uns das Parlament den halben Sold nach dem Range, den jeder unter uns wirklich auswärts bekleidet hatte.

Noch muß ich das Schicksal meiner Johanna erzählen, und dem Leser melden, daß sie nicht mehr ist.

Im Monat August 1783 erhielt ich die betrübte Nachricht, daß am 5ten November des vorhergehenden Jahres dieses unschätzbare Weib gestorben sey, und zwar, wie man glaubte, durch Gift, welches ihr einige ihrer Landsleute aus Neid und Eifersucht über ihr vorzügli-
ches

ches Glück und die allgemeine Achtung, die sie in der ganzen Colonie genoß, beygebracht hatten *).

Die gute Madame Godefroy, ihre treue Pflegemutter, benetzte ihren schönen Leichnam mit vielen Thränen, und ließ ihn mit allen Zeichen der Achtung in dem Pomeranzenwäldchen, worin sie gelebt hatte, begraben.

Ihren lieblichen Knaben schickte man mir, mit einem Wechsel auf zweyhundert Pfund Sterling, das Erbtheil von seiner Mutter, und bald nachher starben seine beyden treuen Vormünder.

Dieser liebenswürdige Knabe machte in seinen Kenntnissen in Devonshire, wo ich ihn erziehen ließ, die rühmlichsten Fortschritte; in der Folge ging er zur See, diente als Midschipmann mit Ehren auf einem Kriegsschiff, und verlohr sein Leben in diesem Beruf, in der Nähe der Insel Jamaika.

Meinen treuen Quaco schenkte ich mit seiner eigenen Bewilligung, der Gräfin von Rosenthal, deren Familie ich viele Verbindlichkeiten schuldig war. Sie schätzte ihn sehr wegen seiner Treue und

---

*) Ein ähnliches trauriges Schicksal traf ihren freygesprochenen Bruder, Heinrich.

und Rechtschaffenheit, ließ ihn, auf meine Bitte, den Namen Stedman in der Taufe beylegen, und ernannte ihn zu ihrem Tafeldecker, mit einem Versprechen, Zeitlebens für ihn zu sorgen. Zum Schluß will ich noch eine kleine Anekdote von seiner Ergebenheit hinzufügen:

Ich unternahm einsmals eine kurze Reise ohne ihn, und bemerkte bald in meinem Geldbeutel eine Krone mehr, als ich darin vermuthen konnte. Bey meiner Zurückkunft befragte ich Quaco darüber, und erfuhr nun von ihm: er hätte besorgt, es möchte mir am Gelde fehlen, weil die Leute so sehr darauf erpicht schienen, und hätte also sein Geld in meinen Beutel gesteckt. Um diesen edlen Zug nach Verdienst zu würdigen, aber muß man wissen, daß diese Krone des armen Quaco ganzer Reichthum war.

www.ingramcontent.com/pod-product-compliance
Lightning Source LLC
Chambersburg PA
CBHW031815230426
43669CB00009B/1148